UAM

UAM

초판 1쇄 인쇄 2022년 02월 28일
초판 1쇄 발행 2022년 03월 15일

지은이 한대희

펴낸이 우세웅
책임편집 김은지
기획편집 한희진
콘텐츠기획·홍보 전다솔
북디자인 이유진

종이 페이퍼프라이스(주)
인쇄 (주)다온피앤피

펴낸곳 슬로디미디어그룹
신고번호 제25100-2017-000035호
신고년월일 2017년 6월 13일
주소 서울특별시 마포구 월드컵북로 400, 상암동 서울산업진흥원(문화콘텐츠센터)5층 22호

전화 02)493-7780 | **팩스** 0303)3442-7780
전자우편 slody925@gmail.com(원고투고·사업제휴)
홈페이지 slodymedia.modoo.at | **블로그** slodymedia.xyz
페이스북·인스타그램 slodymedia

ISBN 979-11-6785-061-4 (03320)

탄소중립시대 혁신적인
도심항공 모빌리티의 미래

UAM

한대희 지음

URBAN AIR
MOBILITY

슬로디미디어

차례

3

UAM 상용화 가능한가요?

인사말

최근 UAM 관련 보고서나 백서, 언론 기사 등이 쏟아지고 있다. 단순한 전망을 넘어 주요기업이나 정부 당국의 다양한 UAM 상용화 시도 사례를 담고 있는데, 워낙 역동적인 변화가 펼쳐지다 보니 일부 기업의 단편적인 사례를 토대로 일방적인 주장을 서술하거나 설득력이 부족한 시장 전망을 나열하는 경우도 있다. 정작 글로벌 주요기업들의 전반적인 추진 현황이나 UAM 상용화 가능성을 종합적으로 분석한 자료는 찾아보기 어려운데, 관련 사업을 검토하거나 추진하는 기업, 기관, 투자자는 물론 미래 일자리를 준비하는 독자들에게는 아쉬운 부분일 것이다. 이에 저자는 미국 국가정보위원회가 4년마다 발표하는 〈글로벌 트렌드(Global Trends)〉와 전 세계 주요기관의 발표 자료를 기반으로 글로벌 탄소중립 이슈부터 전기차와 친환경 전기동력 이동수단의 중요성의 서술과 함께 UAM의 부상에 대해 소개한다. 특히 2장에서는 '글로벌 주요기업의 UAM 추진 현황'을 업체별로 정리하였다. 수많은 해외 기업의 동향을 일일이 파악하는 게 쉽지는 않았지만, 주요기업의 추진 현황을 두루 담고자 노력하였다. 한국 내 현황 파악을 위해서는 K-UAM을 주도하고 있는 국토교통부의 미래드론교통담당관 및 지방자치단체 중 강원도청 전략산업 과장과 사전 인터뷰하였다. 또한, 탄소중립과 관련해서는 한국환경공단 수도권동부환경 본부장과 사전 인터뷰하였으며, 이와 별도로 2021년 6월부터 'UAM 수용성 조사'를 실시한 바 있다. 마지막 3장에서는 UAM 상용화의 핵심 이슈를 안전, 소음, 경제성, 일자리 충돌, 사생활 침해, 접근성, 배터리 기술, 전력 인프라 등으로 압축한 후, 이를 하나하나 점검하는 과정에서 '지속 가능한 UAM 상용화' 방안을 모색하였다. 모쪼록 본서가 UAM 사업을 검토하거나 추진하는 기업, 기관, 투자자는 물론 미래 일자리를 준비하는 독자들에게 도움이 될 수 있기를 소망한다. 출간 이후 주요 변화에 대해서는 '한대희+UAM' 채널을 통해 업데이트할 계획이다.

본서를 준비하면서 동영상 인터뷰에 응해 주신 국토교통부 미래드론교통담당관 나진항 과장님을 비롯하여, 강원도청 윤인재 국장님, 한국환경공단 강문식 본부장님 등 한 분 한 분께 감사의 마음을 전한다. 또한, 'UAM 수용성 조사'에 응해 주신 157분께도 감사드린다. 이제 집필을 마무리하며 저자의 개인적이고도 특별한 분들께 감사를 남기고자 한다. 먼저 주님께 감사드리며, 오랜만에 불러보는 이름, 선친 한학철 님께 감사드린다. 너무 일찍 돌아가신 후 제법 많은 시간이 흘렀지만 "당신을 기억합니다. 감사합니다!" 그리고 외손자의 유년시절을 사랑으로 가득 채워 주셨던 고 박윤정, 고 백정억 님께 감사드린다. 더불어 아내를 사랑으로 키워 주시고, 사위로 맞아 주셨던 장인 고 이현욱 님께 감사드린다. 감사합니다!

프롤로그

혹시 미래가 궁금한가? 내가 투자한 주식이나 부동산, 코인 시세의 전망이 궁금한가? 국내는 물론 해외 트렌드나 새롭게 부상할 아이템이 궁금한가? 사업과 관련하여 국제 정세나 내년도 전망이 궁금한가? 진학이나 취업을 위해 10~20년 후에도 쓰임새가 많을 전공이나 직업 기술이 궁금한가?

살면서 그때그때 궁금한 것이 많다. 그럴 때면 나름 전문가에게 조언을 구하고 싶지만, 요즘처럼 역동적인 변화의 시대를 살아가며 궁금한 점을 속 시원하게 상담해 줄 이는 많지 않다. 답답한 마음에 '무엇이든 물어보라는 전문가'를 찾기도 하지만, 구체적인 선택과 책임은 온전히 본인의 몫이 아니던가! 결국, 깊이 있는 식견과 탁월한 분석 전망이 담긴 보고서나 서적, 전문가의 강연 등을 통해 직접 미래의 실마리를 잡고자 애쓰는 이가 많다. 어느 분야에 특화된 정보는 아닐지라도 신뢰할 만한 기관의 글로벌 분석 보고서는 내가 알고 싶은 미래의 큰 맥을 잡는 데에 도움을 줄 수 있다. 이것은 비단 개인뿐만 아니라 기업이나 기관, 나아가 국가 행정부 모두에게 중요한 과제일 것이다.

미국 국가정보위원회(National Intelligence Council)는 4년에 한 번

씩 대통령 취임에 맞추어 전 세계의 주요 정보를 분석하고 미래를 전망하는 〈글로벌 트렌드〉 시리즈를 발표한다. 이 시리즈는 새로운 행정부가 주목해야 할 국제 질서의 변화 동인과 역학 관계를 기반으로 20여 년 후의 미래를 전망하는 시나리오다. 그리고 저자는 초강대국인 미국이 양적으로나 질적으로 차별화한 정보를 기반으로 행정부에 제공하는 이 시리즈에 주목하고는 한다. 미국의 중장기 전략의 방향성을 엿볼 수 있기 때문이다.

이번 조 바이든 행정부 취임에 맞춰 발표된 〈글로벌 트렌드 2040〉은 '더 경쟁적인 세계(a more contested worlds)'라는 부제를 달았다. 부제에서 드러나듯이 강대국 간의 패권 경쟁, 신종 감염병 확산, 기후변화 등으로 인한 국제 사회의 불확실성 강화 등이 서술되어 있다. 최근 발간된 〈미래전망 보고서〉 등을 펼쳐 보면, 위 보고서를 토대로 서술한 경우를 간간이 발견할 수 있다.

말을 꺼낸 김에 보고서의 주요 내용을 간략히 소개한다. 〈글로벌 트렌드 2040〉은 향후 20년간 전 세계의 변화를 이끄는 구조적 변화의 요인으로 '감염병 팬데믹, 세계 경제 성장률 저하, 고령화와 사회 갈등, 기후변화' 등을 열거한 후 '인구 구조의 변화'를 가장 명확한 트렌드로 지목했다. 한국, 일본, 중국, EU 등의 빠른 고령화 문제에 반해 여전히 출산율이 높은 남아시아와 중남미, 중동 및 북아프리카 등의 개발도상국은 생산 인구를 기반으로 도약의 기회를 누릴 것으로 전망했다. 이 같은 변화는 향후 국가 간 경제적 기회의 격차를 발생시킬 뿐 아니라, 이민에 대한 압력과 갈등을 동시에 불러올 것이다.

또한, 동물에서 비롯한 신종 감염병의 발생 가능성은 커지지만 항생제의 내성은 높아지면서 감염병 팬데믹이 여전히 인류를 위협할 거라 내다보았다. '기후변화로 인한 영향'은 2030년대에 들어 본격적으로 밀려올 것으로 전망한다. 기온 상승은 개발도상국이나 빈곤 지역에서도 발생할 것인데, 이들 지역에 또 다른 취약성을 만들고 경제, 식량, 물, 보건, 에너지 안보에 대한 위험을 가중시킬 것이다. 사실 과거에도 기후변화로 인한 피해는 개발도상국이나 빈곤 지역에 더욱 치명적이었다. 실제로 UN 세계기상기구(WMO)가 1970~2019년 사이의 전 세계 자연재해 피해 현황을 분석한 결과, 인명 피해 관련 최악의 자연재해는 30만 명이 사망한 1983년 에티오피아 가뭄과 1970년 방글라데시에서 발생한 '볼라' 태풍이었다. 이어 15만 명이 사망한 아프리카 수단의 가뭄(1983년)과 13만 8,866명이 사망한 방글라데시 '골키' 태풍(1991년)이 꼽혔다. 향후 기후변화로 인한 영향이 더욱 극심해지면 개발도상국 및 빈곤 지역의 취약성이 한층 도드라질 것이고, 탄소중립을 위해 어떤 접근을 펼쳐야 할 것인가에 대한 논쟁도 빠르게 펼쳐질 것이다.

기술은 고령화와 기후변화, 생산성 둔화 등의 글로벌 난제를 해결할 열쇠이자 새로운 긴장감을 유발하는 양면성을 가질 것이다. 과학기술의 주도권 확보를 위한 경쟁이 더욱 치열해질 것인데, 특히 미국과 중국의 경쟁과 갈등이 한층 증폭될 것으로 전망한다. 기술의 발전으로 인해 불평등이 심화하고, 윤리적 이슈나 제도 등이 기술 발전의 속도를 따라가지 못해 생기는 사회적 불안과 갈등이 촉발할 것이다. 또한 기술 발전의 중심에 있는 인공지능(AI)은 인간과 동일한 수준 혹은 그 이상으로 발전하여 모든 일상에 영향을 줄 것이다. 인공지능에 의존적인 산업과 조직은 대부분 빅데이터를 필요로 하므로 데이터의 획득과 분류, 저장, 상품화 등에 준비된 기업에게 기회가 있을 것이다. 인공지능은 2040년에 인간의 지능을 뛰어넘는 수준으로 발전할 것으로 예상하는데, 이 시기에는 인간이 하는 모든 작업을 인공지능이 할 수 있는 인공일반지능(AGI, Artificial General Intelligence)이 출현할 수 있다.

이제 궁금했던 다섯 가지 미래 시나리오를 확인해 보자. 2040년의 세계는 어떤 모습일까?

첫 번째 시나리오는 미국과 동맹국이 주도하는 '민주주의 르네상스(RENAISSANCE OF DEMOCRACIES)'이다. 미국 및 비슷한 가치체계의 동맹국이 주도하는 개방형 민주주의(Open Democracies)가 부활하는 시나리오로써, 미국으로서는 가장 이상적인 시나리오일 수 있겠다. 2030년대 중반까지 미국과 유럽, 아시아 내 동맹국은 인공지능, 로보틱스, 사물 인터넷, 바이오테크, 에너지 저장, 3D프린팅과 같은 첨단 기술 분야에 글로벌 리더로 자리매김한다. 인구가 많은 브라질, 인도네시아, 인도, 나이지리아 등도 개방형 민주주의를 온전히 받아들여서 기술, 교육 부문의 진보를 이루게 된다. 정부 투명성이 높아지면서 정부에 대한 대중의 신뢰가 회복되고 사회 분열이 완화된다. 반면, 중국은 높은 국가 부채와 비효율적인 정부 주도의 경제 개발 모델로 중진국 함정(middle-income trap) 위기에 봉착한다. 더불어, 러시아는 부패한 노동력과 에너지 수출에 대한 과도한 의존, 푸틴 정권 이후 엘리트층의 내전으로 쇠락한다.

두 번째 시나리오는 중국의 영향력 확대로 인해 '표류하는 세계(A WORLD ADRIFT)'이다. 중국이 주도하지만, 확실한 국제적 우위를 점하지 못한 상태의 시나리오이다. 중국 및 주요 비정부기구들이 기존의 국제 규칙과 제도를 무시하면서 국제 사회는 방향성을 잃고 혼란에 빠진다. 경제 성장은 둔화되고 사회적 분열이 확대되며, 불안정성이 커진다. 전 세계는 2030년 이전까지 높은 국가 부채, 고령층의 돌봄 비용 증가, 반복되는 기후 문제로 인해 불안정성을 경험한다. 코로나19에서 비롯된 환경, 보건, 경제 위기가 확산하면서 시민의 좌절과 저항이 심화하고 사회는 분열된다. 북미와 유럽은 일자리 창출과 투자에 실패하여 일본의 '잃어버린 10년'이 연상되는 상황을 경험하게 되고, 개발도상국 역시 성장이 정체된다. 2030년이면 중국이 미국을 넘어 최대 경제 대국으로 성장하는데, 아시아에서 점점 더 공격적인 행보를 보이고 산업 발전 및 글로벌 기술 표준 장악에 주력할 것이다. 이 과정에서 한국과 일본이 자체적인 핵무기 개발을 추진할 수 있다.

세 번째 시나리오는 미국과 중국 간 힘의 균형을 이루는 '경쟁적 공존(COMPETITIVE COEXISTENCE)'이다. 반으로 쪼개진 국제 사회의 리더십을 놓고 미국과 중국이 경쟁과 번영을 거듭한다. 미국과 중국의 강력한 무역 관계는 회복하겠지만, 여타 부분에서는 경쟁 관계를 지속하며 힘의 균형에 도달한다. 중국은 시장경제 모델을 거부하고 폐쇄적인 정부 주도의 경제 성장 및 무역을 고수한다. 미국과 중국의 대치 속에 주요 선진국들이 단기적인 글로벌 문제에 대응하지만, 기후변화 등의 장기적인 문제는 뚜렷한 해결 없이 방치한다.

네 번째 시나리오는 국제 질서 다변화에 따른 '세분화된 국제사회(SEPARATE SILOS)'이다. 기존의 세계화가 붕괴되고 미국과 중국, 유럽, 러시아 강대국을 중심으로 다양한 크기와 영향력을 가진 경제·안보 블록이 형성된다. 경제적인 자급자족과 자국의 안보 중심으로 국가 간의 블록이 형성되기 때문에 공급 사슬의 재편, 국제무역의 중단, 블록 내에 한정된 정보 유통이 이루어진다. 개발도상국은 혼란을 경험하게 되며, 정보 흐름과 공급망이 분화되어 국제무역에 심각한 지장을 초래한다. 무역 비중이 높은 우리나라로서는 고민이 깊어지는 시나리오이다.

마지막 다섯 번째 시나리오는 환경 재앙에 따른 '비극과 동원(TRAGEDY AND MOBILIZATION)'이다. 2040년에 이르러 환경 재앙으로 인해 전 세계는 기근 문제에 직면한다. 주요 작물 생산에 차질이 빚어져 식품 가격이 상승하고, 각국이 경쟁적으로 식량을 비축하는 등 심각한 혼란에 빠진다. 근본적인 생존의 위협이 현실화되면서 EU와 중국이 비정부기구와 함께 기후변화, 자원 고갈, 빈곤, 식량 등 글로벌 문제 해결을 위한 변화를 주도한다. 선진국은 개발도상국에 대한 광범위한 원조사업(ODA) 운영과 첨단 에너지 기술 이전을 통해 저탄소 경제로의 전환을 돕는 정책을 시행하며 빈국의 위기 관리를 돕는다. 반면 러시아와 일부 석유수출국기구(OPEC) 소속 국가들은 저탄소 경제로의 전환에 반대한다. 환경 재앙에 대응하기 위한 사회운동이 활발해지고 비정부기구, 다자조직, 시민단체 등의 영향력이 확대된다. 이들이 국익보다 글로벌 난제 해결을 위한 혁명적 변화를 주도하는 시나리오이다.

이상 〈글로벌 트렌드 2040〉의 5대 시나리오를 소개했다. 미국에서 전망하는 2040년을 다섯 가지 시나리오로 그려 본 것이다. 각기 달라 보일 수 있지만, 그 기저에는 이미 익숙해져 버린 미국과 중국 간의 패권 경쟁과 기후변화에 대한 위기의식이 자리 잡고 있다. 특히 기후변화로 인한 환경 재앙 우려가 날로 심각해지고 있음을 확인할 수 있는데, 〈글로벌 트렌드 2040〉은 기후변화 등 환경적 관점에서 주된 논의를 전개하고 있다. 혹자는 지나치게 미국을 중심으로 하는 서구 진영의 인식과 전망을 담았다고 치부할 수 있으나, 초강대국인 미국의 장기 전략과 연계될 수 있기에 능동적인 이해와 대응이 필요하다. 당장 미국의 조 바이든 대통령은 2021년 8월, 전기차 등 무공해 자동차의 신차 판매 비중을 2030년까지 40~50%로 끌어올리는 목적의 행정 명령에 서명했으며, 앞서 7월에는 EU 집행위가 온실가스 감축 목표를 상향 달성하기 위한 'Fit for 55'를 발표하기도 했다. 'Fit for 55'에는 2035년부터 기존 내연기관의 신차 판매를 금지하고 전기차 충전소의 보급을 확대하는 등의 전기차 판매 촉진 정책이 다수 포함되어 있다. 앞으로 미국이나 EU와의 교역 비중이 큰 국가나 기업들은 전기차와 같은 전기동력 이동수단(Electric Mobility) 구현 기술이나 산업에 주목하고, 온실가스를 배출하는 산업에는 역으로 규제가 늘어남을 인지하고 선제 대응해야 할 것이다. 최근 전기동력 이동수단 eVTOL, UAM(Urban Air Mobility, 도심항공교통)을 EU나 미국에서 주도하는 배경도 여기에서 찾을 수 있다.

얼마 전, '카센터 3만 개가 문을 닫는 날'(조선일보 2021.09.23.)이라는 제목의 기사를 보았다. 취업이 화두인 지금의 시대에 엔진과 변속기가 없는 전기차가 보급되며 '엔진오일을 교체하는 일'조차 없어질 수 있다는 무거운 내용의 기사였다. 멍하니 손 놓고 있다가는 새로운 일자리는 고사하고 기존의 일자리마저 대거 사라질 수 있는 것이다.

이 책에는 '글로벌 탄소중립 이슈의 등장 배경'부터 '전기차 전성시대의 개막', '친환경 전기동력 이동수단의 중요성' 등을 서술하였고, 이 과정에서 대두되는 '친환경 전기동력 이동수단, UAM'에 대해 소개한다. 구체적으로 30~40여 글로벌 주요기업의 UAM 추진 현황을 업체별로 정리하였고, 상용화 핵심 이슈 점검을 통해 '지속 가능한 UAM 상용화' 방안을 모색한다. UAM 사업을 검토하거나 추진하는 기업, 기관, 투자자는 물론 미래 일자리를 준비하는 독자들에게 도움이 되기를 소망한다.

UAM 기본기 다지기

하늘을 나는 차에 대한 열망

인류의 오랜 꿈 중에 하늘을 나는 꿈이 있다. 하늘을 나는 꿈은 과학기술이 발전할 때까지 상상과 신화 속에서, 때로는 다빈치의 스케치와 같은 그림 속에서 무르익어 왔다.

하늘을 나는 차, 플라잉카는 1917년 미국의 글렌 커티스(Glenn Curtiss)가 개발한 '오토플레인(Autoplane)'을 시초로 본다. 당시 오토플레인은 기체를 지상에서 잠시 들어 올릴 수 있었을 뿐, 비행까지는 성공하지 못했다. 조종사와 승객 2인이 앞좌석에 나란히 앉을 수 있었고 날개와 꼬리를 분리하여 자동차로 사용하고자 했다.

영화적 상상력은 종종 놀라움을 안겨 주는데, 일례로 1989년

글렌 커티스의 오토플레인

출처: 위키미디어커먼스(저작자: Flight magazine 1917/Public domain)

에 개봉한 〈백 투 더 퓨처 2(Back to the Future PartII)〉가 그렇다. 당시로는 30년 이후인 2015년을 배경으로 했는데, 오늘날 상용화된 소재들이 여럿 등장한다. 가령 카메라가 장착된 드론, 지문 결제 시스템, 지문 인식 도어, 화상 전화, 슬림형 스마트TV, 자동 조명등, 스마트 안경 등이 쉴 새 없이 등장하는 것이다. 주인공 마티가 신었던 나이키의 자동 끈 운동화는 여러 과정을 거쳐 2019년 어댑트 BB(ADAPT BB)라는 이름으로 판매되기까지 했다. 더불어 영화 속에서 3D 전광판에 '시카고 컵스가 마이애미 게이터스를 꺾고 우승했다'라는 소식은 2016년에 실제로 이루어졌다. 1908년 이후 무려 108년 만의 우승이었다. 엄밀하게 따지면 영화와 1년여의 차이가 있지만 30년 전 스토리임을 고려하면 그저 놀라울 뿐이다. 비하인드 스토리를 보자면, 사실 이 영화를 연출한 로버트 저메키스(Robert Zemeckis)는 2015년의 에피소드를 다루는 것을 내켜 하지 않았다고 한다. 미래를 전망하고 영화화하는 것이 부담스러웠기 때문일 것이다. 그래서일까? 사실 영화는 미래의 에피소드에 큰 비중을 두지 않았다. 이 영화의 그리 길지 않은 2015년 에피소드에 저자가 주목하는 또 다른 소재가 등장하는데, 바로 플라잉카다. 영화 속 2015년에는 수많은 플라잉카가 하늘을 날아다닌다.

현대적 의미의 플라잉카는 2010년을 전후로 본격적으로 공개되기 시작한다. 그중 MIT 대학 졸업생들이 창업한 테라퓨지아(Terrafugia)는 2009년, 도로에서의 주행과 하늘에서의 비행이 모두 가능한 '트랜지션(Transition)'이라는 플라잉카를 선보인다. 접이식 날개를 장착하고, 비행모드 변환에 약 30초가 소요되며, 이륙에 필요한 거리는 518m였다. 그리고 상용화를 앞둔 2017년 11월에 중국의 지리 그룹(Zhejiang Geely Holding Group Co., Ltd.)에 인수되었다.

테라퓨지아의 트랜지션

출처: 위키미디어 커먼스(저작자: isnoop from Seattle/CC BY)

테라퓨지아 외에도 2012년 네덜란드의 팰비(PAL-V)는 자동차와 자이로콥터를 결합한 '리버티(Liberty)'를 공개하였다. 접이식 프로펠러를 장착하고, 비행 모드 변환 과정에 10분 이내가 소요되며, 최대 비행 거리는 500km이다. 또한, 슬로바키아의 에어로모빌(Aeromobil)은 2013년 자동차와 항공기를 결합한 '에어로모빌 3.0'을 선보였다. 접이식 날개를 장착하고, 비행 모드 변환 과정이 3분 이내이며, 이륙에 필요한 거리는 200m이다.

하늘을 나는 꿈! 하늘을 나는 자동차에 대한 도전은 100여 년 전부터 꾸준히 이어져 왔다.

거리 위의 자동차 증가와 도로정체

전 세계의 도시화는 빠르게 진행되고 있다. UN 경제사회국의 〈세계 도시화 전망(World Urbanization Prospects)〉 보고서에 따르면 2010년을 기점으로 도시 인구가 지방 인구를 추월했으며, 2018년 도시화율은 55%에 이르렀다. 도시 인구가 1950년 7억 5,100만 명에서 2018년 42억 명으로 급성장한 것이다. 그리고 향후 도시 인구는 계속 증가하여 2050년에는 전 세계 도시화율이 68%에 이를 것으로 전망된다.

이러한 도시 집중 현상은 교통, 주거, 환경, 에너지 등 여러 측면에 다양한 문제를 유발한다. 특히 도로를 가득 메운 자동차는 교통 정체와 환경오염을 유발하는데, 지하철과 버스 같은 대중교통 공급을 늘리는 것도 한계에 봉착하고 있다. 우리나라도 예외는 아니다. 한국교통연구원의 〈2019 국가교통통계 국내편〉에 따르면, 2019년 기준 우리나라의 도로는 111,314km 연장되어 전년 대비 0.5% 증가하였고, 철도는 4,087km 연장되어 0.3% 증가했으나, 이동 속도는 0.5%가 감소하였다.

교통네트워크 연장 및 자동차 등록 현황

구분	2015년	2016년	2017년	2018년	2019년	전년 대비 증가율
도로 총연장 (km)	107,527	108,780	110,091	110,714	111,314	0.5
철도 총연장 (km)	3,874	3,979	4,078	4,074	4,087	0.3
자동차 등록대수 (만대)	2,099	2,180	2,253	2,320	2,368	2.1

출처: 2019 국가교통통계 (국내편), 한국교통연구원

매년 철도와 도로를 연장하고 있지만, 제한된 국토에 도로와 철도로 채울 수는 없는 노릇인 데다가 자동차 등록 대수가 2,368만 대로 2.1% 증가하면서 이동 속도가 감소한 것으로 보인다. 이로 인한 교통혼잡비용은 큰 폭으로 증가하고 있는데, 한국교통연구원이 산정한 우리나라의 교통혼잡비용은 46.8조 원(2016년 기준)으로 GDP의 2.85% 수준이다.

연도별 교통혼잡비용 및 연평균 증가율

구분		2014년 (억 원)	2015년 (억 원)	2016년 (억 원)	2014~2016년 연평균 증가율(%)
교통혼잡비용	평일	300,933	316,711	335,658	5.6%
			5.2%	6.0%	
	주말	121,795	127,391	131,974	4.1%
			4.6%	3.6%	
	전체	422,728	444,102	467,633	5.2%
			5.1%	5.3%	

출처: KTDB Newsletter Vol.41(2020년 1월), 국가교통DB, 2021.01.

이와 같은 문제는 다른 주요국가에서도 동일하게 발생하고 있다. 교통량 분석 업체인 인릭스(INRIX)에 따르면 2018년 미국인들은 교통체증으로 인해 연간 97시간을 잃어버렸으며, 이로 인해 전체 870억 달러, 1인당 1,348달러의 손실이 발생했다고 한다.

이미 도시의 지상과 지하 공간은 심각한 포화상태에 이르렀다. 도시의 지상에는 각종 건물과 시설이, 지하에는 지하철과 상하수도관, 가스관, 통신망 등이 가득 차 있다. 막대한 비용을 투자하여 지상과 지하에 신규 교통망을 확충해 나가는 것에도 한계에 다다를 것이다. 그런데 도시의 교통 문제는 교통혼잡에만 끝나는 게 아니다. 에너지 낭비와 환경오염, 소음 발생 등의 연쇄적 문제까지 일으킨다. 이와 같은 문제를 해결하기 위해서는 근본적으로 기존 교통 체계의 패러다임을 바꿀 혁신적인 교통 시스템이 필요하다.

탄소중립시대, 전기차 전성시대의 개막

알고 있는가? 2021년에 파리기후협약이 발효되었다. EU가 글로벌 친환경 정책을 선도하는 가운데, 한동안 논의에 빠져 있었던 미국도 조 바이든 대통령의 취임과 함께 이 기후협약에 복귀했으며, 세계 최대의 이산화탄소 배출국인 중국도 2060년 탄소중립을 선언하며 기후변화에 대한 논의에 동참하기 시작했다. 주요국들은 코로나19의 시대를 넘어서며, 탄소중립을 경제 활성화 및 경제 혁신 전략과 연계하는 정책을 경쟁적으로 발표하고 있다. 참고로 파리기후협약은 2015년 12월 12일 프랑스 파리에서 열린 제21차 UN 기후변화협약 당사국총회(COP21) 본회의에서 195개국이 채택한 협정을 말한다. 버락 오바마 전 미국 대통령의 주도로 체결된

협정이며, 산업화 이전 수준 대비 지구 평균 온도가 2℃ 이상 상승하지 않도록 온실가스 배출량을 단계적으로 감축하자는 내용을 담고 있다. 또한 이 협의는 1997년에 채택한 교토의정서를 대체하는 의미가 있다. 교토의정서에서는 선진국만 온실가스 감축 의무를 부과하는 반면, 파리기후협약에서는 195개 당사국 모두가 감축 목표를 이행해야 하는 차이가 있다. 그리고 이러한 자발적인 온실가스 감축 계획을 취합한 결과, 2030년까지 미국은 26~28% 절대량 감축, EU는 40% 절대량 감축, 중국은 국내총생산(GDP) 대비 배출량 기준 60~65% 감축, 우리나라는 배출전망치 대비(BAU) 37% 감축 등의 목표를 각각 제출하였다. 파리기후협약은 위반할 경우 벌금 부과 등의 일부 강제력이 있으며, 우리나라를 포함한 회원국은 온실가스 배출 규제 및 친환경 에너지 도입 등의 파리기후협약 이행을 위한 정책을 추진하고 있다.

여기서 국가별로 이산화탄소(CO_2)를 얼마나 많이 배출하고 있는지 확인해 보자. 2019년을 기준으로 가장 많은 이산화탄소를 배출하는 국가는 101억 7,000만 톤을 배출하는 중국이다. 미국이 52억 8,000만 톤, 인도가 26억 1,000만 톤, 러시아가 16억 7,000만 톤, 일본이 11억 톤으로 그 뒤를 잇는다. 이란, 독일, 인도네시아에 이어 우리나라는 6억 1,000톤을 배출한다. '세계의 공장'이라고 불리는 중국의 배출량이 압도적이지만, 인도와 일본, 우리나라 등 여타 아시아 국가의 배출량도 상당한 수준이다. 특히 우리나라의 경우,

EU 및 미국이 주도하는 탄소중립 이슈에 대한 면밀한 분석과 대응이 필요한 상황이다. 탄소 배출 정점을 지난 것으로 평가되는 EU 및 미국과 달리, 우리나라는 제조업 중심의 산업 구조상 탄소 배출 정점을 지났는지 확신할 수 없기 때문이다. 어렵고 긴 여정을 시작할 시점이다. 실제로 한국은행이 발표한 〈조사통계월보〉의 '기후변화 대응이 산업에 미치는 영향'에 따르면, 2001~2018년 산업 부문 이산화탄소 배출량이 연평균 4.8% 증가하였는데, 제조업의 배출 비중이 전산업 대비 무려 65.9%(2018년 기준)에 이르고 있다. 산업별로는 1차 금속제품 분야가 25.2%, 화학제품 분야가 12.5%, 석탄 및 석유제품 분야가 7.2%로 높은 수준이다. 서비스업 중에서는 운송 서비스 분야가 13.7%로 비중이 높다. 이와 관련하여 현대자동차는 독일 뮌헨에서 개최된 'IAA 모빌리티 2021(IAA Mobility 2021)' 전시회에서 '2045년 탄소중립'을 공격적으로 선언한 바 있는데, 민관협력을 통한 장기 전략 및 효과적인 대응 체계 구축이 필요하다.

2019년 국가별 이산화탄소 배출량

NO	국가명	이산화탄소 배출량 (2019년 기준. 단위:톤)
1	중국	10,174,681,100
2	미국	5,284,696,657
3	인도	2,616,448,820
4	러시아	1,678,366,791
5	일본	1,106,664,426
6	이란	779,526,533
7	독일	701,955,108
8	인도네시아	617,512,648

9	한국	611,263,215
10	사우디아라비아	582,149,599
11	캐나다	576,650,511
12	남아프리카	478,608,101
13	브라질	465,715,770
14	멕시코	438,497,623
15	호주	411,015,667
16	터키	405,126,365
17	영국	369,878,396
18	이탈리아	337,086,213
19	프랑스	323,747,139
20	폴란드	322,626,493
	전 세계	36,441,387,580

출처: co2-and-other-greenhouse-gas-emissions. OurWorldInData.org

몇 가지 기본 개념을 공유하자! 지구온난화는 실제 발생하고 있는가? 환경 문제에 있어 지구온난화 이슈는 늘 논의되어 왔다. 여러 자료를 살펴보면, 대략 지표면의 온도를 광범위하게 관측을 시작하던 1850년을 기준으로 전 지구의 표면 온도는 상승을 거듭하였다. 1900년대 이후에 그 상승세가 두드러졌으며, 2017년에는 산업혁명 이전 대비 1℃가 상승했다고 한다.

지구온난화가 본격적으로 가속화한 것은 2014년부터이다. IPCC(Intergovernmental Panel on Climate Change)의 5차 보고서에는 온실가스를 지금처럼 배출할 경우, 2100년에는 전 지구 평균 지표 온도가 산업혁명 이전 대비 약 4~5℃ 정도 증가할 것으로 명시되어 있으며, 최근 6차 보고서에는 평균 기온이 1.09℃ 오른 현재, 산업화 이전 시기보다 '50년에 한 번 찾아올 법한' 극한 고온 현상이 4.8배 늘었다고 되어 있다. '10년에 한 번 찾아올' 폭우와 가뭄도 각각 1.3배, 1.7배가 증가했다. 또한, 파리기후협약 당시 상한선인 2℃에서는 극한 고온이 무려 14배 가까이 잦아질 거라 예고하기도 했다.
IPCC는 기후변화와 관련된 전 지구적 위험을 평가하고 국제적 대책을 마련하기 위해 세계기상기구(WMO)와 유엔환경계획(UNEP)이 공동으로 설립한 UN 산하 국제 협의체이다. 관련하여 지표 온도 상승의 기준이 되는 1850년대 관측의 대표성이나 정확성, 실제 산업화 등 인류의 활동과 지표 온도 상승의 과학적 연계성 등에 의문을 제기하는 논문 등이 다수 발표되고 있으나, 저자는 IPCC 등의 공식 보고서를 전제로 글을 이어간다.
그렇다면 지구온난화의 주범으로 불리는 온실가스란 무엇인가? 지구온난화는 대기 중의 온실가스 농도가 증가하면서 온실효과가 발생하고, 이로 인해 지구 표면의 온도가 점차 상승하는 현상을 말한다. 온실가스는 온실효과의 원인이 되는 대기 중의 가스를 총칭하는 용어이며, '이산화탄소, 메탄, 아산화질소, 수소불화탄소, 과불화탄소, 육불화황' 등이 있다. 특히 세계기상기구 및 국제연합환경계획(UNEP)은 온실가스 중 이산화탄소가 가장 지구온난화의 주범이라고 공식 선언한 바 있다. 온실가스는 지구 환경 유지에 꼭 필요하지만, 산업 발전으로 인한 온실가스 증가는 기후변화, 지구온난화와 같은 온실가스 효과를 초래하므로, 온실가스 감축과 이산화탄소 감축 노력을 함께해야 한다.
이제는 탄소중립이다. 탄소중립은 이산화탄소를 배출한 만큼 이산화탄소 흡수 대책을 세워 이산화탄소의 실질적인 배출량을 '0'으로 만드는 개념이다. 이러한 탄소중립을 실행하는 방안으로는, 이산화탄소 배출량에 상응하는 만큼의 숲을 조성하여 산소를 공급하거나, 화석연료를 대체할 수 있는 무공해 재생에너지 분야를 육성하는 일 등이 있다. 탄소흡수원을 확대하고, 이산화탄소 배출량에 상응하는 탄소배출권을 구매하는 것도 실질적인 방법일 것이다. 탄소배출권 거래를 통해 마련한 재원은 삼림 조성 등 이산화탄소 흡수량을 늘리는 데에 사용된다.

이번에는 온실가스를 많이 배출하는 산업 분야를 알아보자. 각국의 탄소중립 관련 정책이 집중될 수 있기에 주의가 필요하다. 우선 전 세계 산업별 온실가스 배출 현황을 살펴보면, 운송 분야가 16.2%, 건물 내 전력(전기 및 난방) 분야가 17.5%, 산업 전력 분야가 24.2% 등으로 높은 비중을 차지한다.

전 세계 산업 분야별 온실가스 배출 비중

구분(sector)	온실가스 배출 비중(%)
운송	16.2
건물 내 전력(Energy, 전기 및 난방)	17.5
산업 전력(Energy in industry)	24.2
농업 및 어업 전력(Energy)	1.7
기타 연료 연소	7.8
에너지로 인한 비산 배출 (Fugitive emissions from energy)	5.8
시멘트	3.0
화학 및 석유화학(산업)	2.2
축산 및 비료	5.8
벼 재배	1.3
농업 토양(Agricultural Soils)	4.1
농작물 소각(Crop Burning)	3.5
삼림(Forest Land)	2.2
경작지(Cropland)	1.4
초원(Grassland)	0.1
매립지(Landfills)	1.9
폐수	1.3

출처: global greenhouse gas emissions in 2016, OurWorldInData.org

16.2%를 차지하는 운송 분야를 세분화하면, 도로 11.9%, 항공 1.9%, 해상 1.7%, 철도 0.4%, 파이프라인 0.3%의 순으로 온실가스 배출량이 많다. 그러나 이도 운송 장비의 제조로 인한 배출은 포함되지 않은 수치이며, 항공과 해상의 경우에는 연료로 인한 탄소 배출량이 많고 그 외 여러 오염물질을 발생시킨다. '도로'는 자동차, 화물차, 버스 등의 도로 운송을 말하는데, 배출량의 60%는 승객 이동, 40%는 화물 운송에서 발생한다. 최근 내연기관차의 퇴출 및 전

기차의 보급 등 운송 분야 관련 주요국가의 탄소중립 정책이 다수 발표되고 있는데, 이는 운송 분야가 무공해 친환경으로 전환될 경우 전 세계 온실가스 배출이 최대 16.2% 감소할 수 있기 때문이다.

다소 낯선 항목도 눈에 띈다. 가령 '농작물 소각'은 인도 등지에서 농작물을 수확한 후 경작지에 불을 질러 수확하지 않은 농작물을 태워버리는 것을 말한다. 경작지 소각은 실제로 대기오염의 주요 원인으로 지목되고 있다. 전 세계 온실가스 배출이 워낙 다양한 분야에서 발생하기에 몇 가지 단순한 해법으로는 탄소중립을 달성하기 어렵다는 것을 알 수 있다. 그렇다면 주요국가별 탄소중립 정책은 어떠할까? EU와 미국, 중국의 탄소중립 정책에 대해 상세히 알아보자.

EU의 탄소중립 정책

EU는 2050년 탄소중립을 선언하고, 이를 실현하기 위해 2030년 온실가스 배출을 1990년 대비 55% 감축하는 목표를 설정한 바 있다. 그리고 2020년 12월 EU 정상회의에서 2030년까지 온실가스 감축 목표를 55%로, 재생에너지 보급 목표를 33.7%로 상향하였다.

주요 정책으로는 2019년 12월에 채택한 'EU 그린딜(European Green Deal, 이하 '그린딜')'이 있다. 그린딜은 기후변화의 도전을 기회로 전환하기 위한 로드맵이자, 모든 경제 분야를 포괄하는 새로운 성장 전략이다. 이와 관련하여 EU 집행위는 2021년 7월에 2030년까지 탄소 배출량을 1990년 수준 대비 55% 감축하기 위한 입법안 패키지 'Fit for 55'를 발표하였다. 구체적으로 탄소 가격 결정 관련 입법안 4개, 감축 목표 설정 관련 입법안 4개, 규정 강화 관련 입법안 4개와 포용적 전환을 위한 지원 대책인 사회기후기금으로 구성되어 있다. 주요 내용을 알아보자.

Fit for 55 주요 내용

가격 결정	1	항공 분야의 배출권거래제 강화
	2	해운, 육상 운송 및 건축물 분야의 배출권거래제 신설
	3	에너지 조세 지침 개정
	4	탄소국경조정제도 도입
목표 설정	5	노력 분담 규정 개정
	6	토지 이용·토지 이용 변화 및 삼림 규정 개정
	7	재생에너지 지침 개정
	8	에너지 효율 지침 개정
규정 강화	9	승용차 및 승합차의 탄소 배출 규제 기준 강화
	10	대체연료 인프라 규정 개정
	11	항공운송 연료 기준 마련
	12	해상운송 연료 기준 마련
지원 대책	13	사회기후기금 신설

출처: 장영욱·오태현, 「EU 탄소감축 입법안('Fit for 55')의 주요 내용과 시사점」, 대외경제정책연구원, 2021.07.22.

첫째, 배출권거래제(ETS, Emissions Trading Scheme)를 추가·강화했다. 기존 전력, 철강, 화학 분야에 해운, 육상 운송, 건축물 분야를 추가하였고 항공 분야의 배출권거래제를 강화하였다. 항공 분야에 주어지던 무상할당을 2026년 말까지 단계적으로 폐지하는 계획을 포함하였는데, UN 산하 국제민간항공기구(ICAO, International Civil Aviation Organization)가 2016년 결의한 국제 항공 탄소 상쇄 및 감축 제도(CORSIA)와 보조를 맞추는 의미가 있다.

둘째, 탄소국경조정제도(CBAM, Carbon Border Adjustment Mechanism)를 도입하였다. 배출권거래제와 연계하여 2026년부터 EU 역내 수입품에 대해 탄소 배출량에 따라 비용을 부담시키는 방식이다. EU가 배출권거래제를 강화하면서 역내 기업들이 환경 기준이 느슨한 역외로 이전할 가능성에 대비하는 측면도 있겠지만, 결국 탄소중립이 미흡한 국가에서 수입되는 제품에 대해 추가 비용을 부담시키는 방식이다. 소위 탄소국경세로 또 하나의 무역 장벽이 될 수 있으므로 주의가 필요하다. EU 집행위는 탄소국경세를 통한 추가 세수입이 연간 50억~140억 유로에 이를 것으로 추정한 바 있다.

셋째, 에너지 관련 지침을 개정하였다. 구체적으로 에너지 조세 지침, 재생에너지 지침 및 에너지 효율 지침 개정을 통한 탄소감축 목표를 상향 조정하였고, 친환경 에너지로의 전환에 대한 인센티브를 명시했다. 2030년까지 재생에너지원 사용 비중의 목표를 기존 32%에서 40%로 확대하였는데, 전력 생산 과정에서 발생하는 온실가스 배출량을 줄이기 위한 선택으로 보인다.

넷째, 탄소흡수원을 확대하였다. 토지 이용, 토지 이용 변화, 삼림 규정(LULUCF, Land Use, Land Use Change and Forestry Regulation) 개정을 통해 이산화탄소 배출량 3억 1,000만 톤에 해당하는 순 온실가스 흡수 목표를 제시한 것이다. 지금까지의 감축 계획과 달리, 천연 탄소흡수원의 질과 양을 증가시키는 새로운 방향을 제안하였다.

다섯째, 내연기관 규제 및 대체연료의 인프라를 확충한다. 2035년부터 하이브리드카를 포함한 내연기관차의 출시를 금지하였으며, 친환경 차량의 개발·생산·사용을 촉진하기 위해 대체연료 인프라 확대 목표를 제시하였다. 세부적으로 탄소감축 목표를 2030년까지 승용차 부문은 37%에서 55%, 승합차 부문은 31%에서 50%로 각각 상향하였으며, 2035년부터는 100% 감축 목표를 제시하였다. 또한, 늘어나는 충전 수요에 대응할 수 있도록 EU 전역에서 관련 인프라를 확대한다. 전기 및 수소 충전소 설치 규정을 세부적으로 준비하였는데, 가령 TEN-T(Trans-European Transport Network)의 핵심 연결망 기준으로 전기차 충전소는 2025년까지 60km마다 최소 300kW 출력의 충전소를 설치하고, 2030년까지 60km마다 최소 600kW 출력의 충전소를 설치할 예정이다.

여섯째, 항공 및 해운 연료 지침을 신설하였다. 항공과 해운 부문 연료는 탄소 배출량이 많을 뿐 아니라 상당한 오염물질을 발생시키고 있어, 친환경 연료 사용을 독려하기 위한 지침을 신설한 것이다. 구체적으로 기존 항공유에 바이오 연료와 같은 지속 가능한 항공 연료를 혼합하는 것을 의무화하였는데, 혼합 비율을 2030년 5%, 2035년 20%, 2040년 32%, 2050년 63%로 확대하였다. 최근 EASA(EU항공안전청)에서 전기동력 이동수단인 UAM에 큰 관심을 갖고 'UAM 운영에 대한 사회적 수용에 관한 연구' 등 다양한 자료를 제공하는 것과 맥을 같이 한다.

마지막으로 친환경 전환 과정에서 탈락하는 산업, 노동자, 지역 공동체가 없도록 사회기후기금, 현대화기금 등의 지원 대책을 마련하였다. 탄소중립 달성을 위한 구조적 전환은 화석연료나 내연기관 자동차 관련 산업의 변화와 쇠퇴, 그로 인한 일자리 상실을 수반하므로 모든 이해 당사자의 참여를 독려하기 위한 대책을 준비하는 것이다.

입법안은 향후 수정·보완되겠지만, 탄소중립을 선도하는 EU의 고민과 전략을 확인할 수 있기에 살펴볼 가치가 있다.

미국의 탄소중립 정책

조 바이든 행정부 출범 후 미국은 2050년 탄소중립을 목표로 한 기후변화 정책을 강하게 추진하였다. 이전 트럼프 대통령은 지난 2017년 3월, 오바마 행정부의 청정전력계획(Clean Power Plan)을 철회하였고, 같은 해 6월 파리기후협약의 탈퇴를 선언하는 등 탄소중립 정책과 거리를 두어왔지만, 대선 공약으로 파리기후협약 복귀와 2050년 탄소중립 및 2035년 100% 청정에너지 달성 등을 제시한 바이든 행정부가 출범한 이후 미국의 탄소중립 경제 추진이 가속화되었다. 관련 정책은 교통, 에너지, 탄소조정세 등에 중심을 두었으며, 청정에너지와 저탄소 인프라 확충에 2조 달러를 지원할 계획이다. 교통의 경우, 자동차의 탄소 배출 규제 강화, 친환경 자동차의 판매 촉진, 친환경 승용차 및 픽업트럭의 생산 확대, 충전소 인프라를 확충할 계획이다. 캘리포니아주의 자동차 탄소 배출 규제를 전국적으로 확대하고, 공공기관 차량 약 300만 대를 친환경 자동차로 교체하며, 2030년까지 전기차 충전소 50만 개 이상 설치할 예정에 있다. 실제 바이든 대통령은 2021년 8월, 전기차 등 무공해 자동차의 신차 판매 비중을 2030년까지 40~50%로 끌어올리도록 지원하는 목적의 행정 명령에 서명한 바 있다.

탄소조정세는 관세처럼 탄소국경세 부과 방식이 될 것으로 보이는데, 유사 정책을 추진하는 EU와 행보를 같이할 전망이다. 참고로 바이든 대통령은 대선 후보 당시 탄소국경세의 도입을 공약으로 내세운 바 있다. 기후변화 대응을 우선순위로 제시한 미국 바이든 행정부의 등장은 EU의 탄소중립 이슈가 전 세계로 빠르게 재확산하는 계기가 되었고, 의도 여부를 떠나 중국을 견제하는 효과를 거두었다.

중국의 탄소중립 정책

중국의 시진핑 주석은 지난 2020년 9월, 제75차 UN 총회 화상 회의에서 2060년까지 탄소중립을 달성하겠다는 목표를 발표했다.

이전의 모호했던 태도에서 벗어나 탄소 배출 목표를 구체화 혹은 상향 조정하는 등 글로벌 기후변화 논의에 적극적으로 참여한 것이다. 구체적으로 2060년까지 탄소중립을 달성하기 위해 2025년부터 탄소 배출량을 105억 톤 이내로 낮춰 나간다는 계획인데, 실제로 2020년 12월에 개최된 중앙경제공작회의에서 탄소 배출 감축을 2021년 8대 핵심 사업에 포함하였다.

주요 정책은 교통(친환경차), 에너지(신재생에너지) 및 탄소 배출권거래제의 전국적 시행 등으로 요약할 수 있다. 교통 정책의 경우, 신차 판매 시 친환경차(전기·플러그인하이브리드(PHEV)·수소차) 비중을 2025년까지 20%, 2035년에는 50%로 확대하는 목표를 설정하였다. 친환경차 비중이 확대되고 하이브리드차(HEV)가 내연기관차 시장을 잠식하면서, 100% 내연기관차는 2035년 이후 시장에서 퇴출될 전망이다. 2035년까지 모든 공공차의 전동화를 추진한다. 또한, 2030년까지 수소차를 100만 대 확대하는데, 높은 출력이 필요한 트럭이나 버스 등의 상용차는 100% 수소차로 전환할 계획이다.

중국 정부의 친환경차 육성 방향

구분		2025년	2030년	2035년
판매 대수	친환경차	신차 판매량 20% 이상 (약 515만 대)	신차 판매량 40% 이상 (약 1,031만 대)	신차 판매량 50% 이상 (약 1,289만 대)
	수소차	총보유량 10만 대	총보유량 100만 대(상용차 100% 수소차 전환)	
	하이브리드차 (HEV)	내연기관차 판매량의 50% 이상	내연기관차 판매량의 75% 이상	내연기관차 판매량의 100% 달성

구분	2025년	2030년	2035년
기술 혁신	· 평균연비 8.3km/kWh (12Kh/100km) · 제한지역 내 자율주행		· 공공차 전동화 · 수소차 상업화 · 자율주행 지역 확대

출처: 정귀일, 「주요국 탄소중립 정책과 시사점: 제조 경쟁력의 지형이 바뀐다!」, 한국무역협회, 2021.04.

에너지 분야는 기후변화 대응 및 에너지 안보 강화를 목표로 신재생에너지 확대 등의 에너지 자급률을 확대할 계획이다. 비화석 에너지 비중을 2020년 15.8%에서 2030년까지 25%로 확대하고, 태양광과 풍력 에너지의 발전 용량을 2020년 4.6억kW에서 2030년 12억kW로 확대한다.

탄소배출권 거래의 경우, 전국 단위로 확대·강화하기 위해 '탄소배출권 거래 관리 방법'을 2021년 2월부터 시행하고 있다. 감축 책임을 기업에 부과하는 방식으로, 연간 2.6만 톤 이상의 이산화탄소를 배출하는 업체를 대상으로 총 2,225개의 전력 분야 업체가 참여하도록 하였다. 향후 탄소배출권 거래 가능 분야를 확대하고 거래 품목과 거래 방법을 다양화하는 등 탄소 배출 시장의 안정적 발전을 추진한다는 계획이다. 참고로 중국은 2011년부터 베이징, 상하이 등 7개 성시에서 총 3,000여 개 기업이 참여한 탄소배출권 거래제 시범 사업을 시행한 바 있다.

세계 최대의 탄소 배출국인 중국이 최근 들어 탄소중립 목표를 명시하고 능동적으로 참여하는 모습을 보여주고 있는데, 아마도 적극적인 참여를 통해 기후변화 이슈에 주도권을 잡는 방향을 설정한 것으로 보인다.

전기차 전성시대의 개막

바야흐로 탄소중립시대다! 탄소중립시대의 기본은 인프라이다. 국가 주도로 탄소중립 경제로의 대전환을 준비하며 석탄화력발전소를 친환경 신재생에너지로 대체할 필요가 있다. 기존의 대형·중앙형 전력 생산의 비중을 낮추고, 친환경 소형·분산형 전력생산 비중을 확대해야 한다. 상대적으로 설치 면적이 작고, 수요지 인근에 설치해 송전 손실이 적으며, 적절한 용량의 설비를 설치할 수 있는 수소 발전도 분산 발전 측면에서 고려해야 한다. 물론, 신재생에너지의 간헐성을 보완하기 위해서는 저장 및 운송 인프라, 생산한 전력을 효율적으로 활용하기 위한 전력 인프라 구축이 병행되어야 한다. 그리고 2021년 말 주요국가의 동시다발적인 에너지 위기를 통해 다시 부상한 원자력발전의 중요성도 기억해야 할 것이다.

이와 관련하여 EU는 2022년 2월에 원자력발전과 천연가스에 대한 투자를 '그린 택소노미(Green Taxonomy)'로 분류하는 규정안을 확정·발의한 바 있다. 그린 택소노미는 환경적으로 지속가능한 경제 활동의 범위를 정하는 것인데, 어떤 산업 분야가 친환경 산업인지를 분류하는 기준으로 활용된다.

전기동력 이동수단인 전기차의 확산은 가속화할 전망이다. 탄소중립 정책을 바탕으로 전기차는 성능이 향상되고, 2025년에는 10%, 2030년에 28%, 2040년에 58%의 시장 점유율을 보일 것이다. 구체적으로 EU는 2040년 내연기관차의 생산과 판매를 금지할 예정이며, 중국도 2035년부터 하이브리드전기차를 제외한 순수 내연기관차의 생산과 판매를 금지할 예정이다. 정책 목표대로 소비자의 선택이 이어질 것인지는 단언할 수 없지만, 전기차의 비중이 높아지리라는 건 쉽게 예상할 수 있다.

2021년 9월 독일 뮌헨에서 개최된 'IAA 모빌리티 2021' 전시장에는 개장 한 시간여 전부터 길게 줄이 늘어섰다. 이곳에서 BMW는 100% 재활용 가능한 소재로 만든 전기차인 'i비전 서큘러(iVision Circular)' 콘셉트카를 선보이고, 포르쉐가 전기 레이싱카의 콘셉트 버전인 '미션 R(Mission R)'을 처음 공개했다. 또한, 아우디가 전시장이 아닌 광장에서 선보인 미래 전기차 '그랜드스피어(Grandsphere)' 콘셉트카는 운전대와 페달, 디스플레이 등을 시야에서 완전히 사라지게 하는 자율주행 레벨4를 선보임으로써 깊은 인상을 남겼다. 현대자동차는 두 번째 전기차 모델인 아이오닉6의 콘셉트카 '프로페시(Prophecy)'를 전시하며, 2045년 탄소중립 목표를 공격적으로 선언했다. 이렇게 대표적인 자동차 제조사들도 경쟁적으로 전기차 확산을 준비하고 있다.

내연기관 및 전기차의 동력 구동 기술에 따른 구분

구분	내연기관	하이브리드 전기차	배터리 전기차	수소연료 전지전기차
영문 약칭	ICE	HEV(PHEV)	BEV	FCEV
영문	Internal Combustion Engine	Hybrid Electric Vehicle (Plug-in)	Battery Electric Vehicle	Fuel Cell Electric Vehicle
특징	· 전통적인 내연기관 · 전기 인프라에 비의존 · 높은 연료 소비 및 배출 · 장거리 주행 최적화 진행중(자동 시동, 자동 정지 등)	· 전기와 내연기관 구동의 병렬 구성(플러그인은 선택 (PHEV)) · 내연기관이 차량의 주동력으로 소형 전기모터가 보조 · 완전한 전기 운행은 저속 단거리에서만 가능 · 유사 주행거리의 내연기관보다 나은 연비	· 순수 전기 구동 · 대형 배터리 용량 · 중-단거리 주행 · 정차 상태에서만 그리드에서 배터리 충전 가능	· 연료전지 시스템과 전기 구동의 연속 구성 · PEM기술에 기반한 연료전지 스택 · 보통 350~700 바의 수소탱크 압력 · 중-장거리 주행
주요 동력	내연기관이 주요 추진동력원		전기모터가 주요 추진동력원	

출처: 이현진·이철원·윤형준, 「유럽 친환경자동차산업 정책분석과 시사점: e-모빌리티를 중심으로」, 대외경제정책연구원, 2021.05.01.

여러 전기차 관련 이슈 파악을 위해서는 '자동차의 동력 구동 기술'에 대한 이해가 필요한데, 자동차는 주요 추진동력원을 토대로 내역기관(ICE) 및 하이브리드전기차(HEV)를 내연기관차, 배터리전기차(BEV)와 수소연료전지전기차(FCEV)를 전기차로 분류할 수 있다. 기준에 따라, 플러그인하이브리드전기차(PHEV)를 구분하여 분류하기도 한다. 전기차는 내연기관 대비 기술 진입 장벽이 낮아 신규 참여도 활발해질 것으로 보이며, 이미 내수시장에서 경험을 비축한 중국 기업들의 성장에도 주목해야 한다.

유의할 점은 신재생에너지 투자를 가속화한 환경 분야 선도국가들이 값싼 신재생에너지를 경쟁력 제고의 수단으로 활용한다는 것이다. 생산이 대폭 확대될 전기차에 LCA(Life Cycle Assessment, 전생애주기 평가)가 도입될 경우, 탄소 배출량 평가 기준이 단순히 주행 과정을 넘어 동력(연료)의 생산 및 제품의 생산·폐기·재활용 등으로 확대될 것이다. 당장 배터리 제조 시 발생하는 탄소 배출량을 규제할 경우, 아시아권의 화석연료원 전기 의존도가 높기에 역으로 미국이나 EU 소재 기업의 경쟁력이 강화될 것이다. 배터리 공급망의 탈아시아를 압박하고 경쟁력 있는 기업의 이전을 촉진할 수 있다. 국가 제조 경쟁력의 장기 전략 및 치밀한 대처가 중요한 시점이다.

기업의 탄소 배출은 측정 범위에 따라 스코프(Scope, 유효 범위)1, 2, 3으로 구분한다. 구체적으로 스코프1은 '제품 생산 단계에서 발생하는 직접 배출'을, 스코프2는 '사업장에서 사용하는 전기와 동력을 만드는 과정에서 발생하는 간접 배출'을, 스코프3은 '직접적인 제품 생산 외에 협력업체와 물류는 물론 제품 사용과 폐기 과정에서 발생하는 외부 배출'까지 포함한다.
최근 글로벌 주요기업들은 스코프3까지 확장해 탄소중립을 향한 장기 전략을 수립하여 협력업체에까지 준수를 압박하는 분위기이다. 제품의 전체 주기에 걸친 이산화탄소 배출을 평가하는 LCA를 도입한 것이다. LCA 측면에서 보면 신재생에너지 인프라 구축 여부에 따라 국가별 전기차의 탄소 배출량이 달라진다. 화석연료 중심 국가에서 생산하는 전기차와 신재생에너지 기반 국가에서 생산하는 전기차의 탄소 배출량에 대한 평가가 달라지는 것이다. 이는 곧 국가별 산업 경쟁력의 차이로 이어질 수 있다.

전기차의 빠른 확산에 대비하여 우리 사회는 충전기의 대규모 보급이 필요하며, 그와는 별개로 전력량 증가에 대비한 전력 설비 및 전력망 등의 관련 인프라를 갖춰나가야 한다. 참고로 EU, 미국, 중국이 필요로 하는 충전소는 2025년까지 2,140만~2,730만 개, 2030년까지 5,640만~8,570만 개에 달할 전망이고, 추가 전력 수요는 2025년까지 180~235TWh, 2030년까지 525~770TWh에 이를 전망이다. 더불어 중국의 '교체식 배터리' 전기차 시장의 확장세에도 주목해야 한다. 중국은 정부의 의지에 따라 니오(NIO) 외에도 여러 기업이 교체식 배터리 전기차를 출시하고 있는데, 이미 다양한 배터리 교환소도 선보이고 있다. 기존의 배터리 충전 시간이 교체 시간으로 대폭 단축되는 특장점이 있기에 중국 내수시장을 넘어 표준화에 어떤 영향을 줄 수 있을지 관심이다. 바야흐로 전기동력 이동수단인 전기차의 전성시대가 개막되었다!

부상하는 UAM

UAM이 친환경 미래 신성장동력으로 인정받으면서 많은 주요국가가 시장 선점을 위한 계획과 지원 정책을 발표하고 있다. 그중 EU는 다른 국가보다 빠르게 UAM 인증체계를 구축하며 산업체의 요구에 발 빠르게 대응하고 있다. 구체적으로 EASA는 2019년부터 eVTOL 인증기준을 개발하고 제정했는데, 이미 '볼로콥터

(Volocopter)'에 설계조직승인(DOA)과 설계검증보고서(DVR)를 발행한 바 있다. 설계검증보고서는 특정 형식 사용을 위한 항공기에 대한 승인을 의미하는데, 이는 EU 내 어떤 국가라도 볼로콥터가 해당 항공기의 특정 사용을 위해 운용허가를 신청하면, 더는 EASA의 추가 검증을 받을 필요가 없다는 것을 의미한다. 볼로콥터는 EASA로부터 설계조직승인과 생산조직승인을 모두 획득한 최초의 eVTOL 제조기업이다.

미국도 전기동력 이동수단인 eVTOL 국산화 및 상용화를 위해 범국가 차원에서 민간 기업에 집중적으로 지원하고 있다. 이미 FAA(미국 연방항공청)는 eVTOL 인증 기술 수준을 수립하고 다수 항공기에 대한 감항인증 절차를 진행하고 있는데, 과거 미국 내 공급망 부재로 소형 드론 시장에서 중국에 우위를 뺏긴 경험을 교훈으로 삼아 UAM 주도권 확보를 위한 정부 차원의 민간기업 지원을 대폭 확대하는 모습이다. 또한, UAM 관련 규제 개혁에 '3단계 접근 방식(Crawl-Walk-Run)'을 채택하여 기존 항공법이 허락하는 범주에서 항공기 운항을 허용하면서 새로운 규제 제정과 개혁을 동시에 진행하고 있다.

> 감항(堪航)은 '항공기가 항공하기에 적합한 안정성과 신뢰성을 갖추는 일'을 말하고, 각국의 감항당국이 감항인증 업무를 담당하고 있다. 또한, 감항인증이란 '항공기가 설계 단계부터 도태 시까지 전체 수명주기 동안 비행안전성이 있다는 것을 정부가 인증하는 것'을 말한다. 제조사가 감항인증을 획득하지 못하면 항공기의 제조, 판매, 수출, 운항 등이 불가능하다.

우리나라 역시 UAM에 관련해 국가적 차원의 관심과 지원 정책을 발표하고 있다. 2020년 6월 UAM 로드맵 발표에 이어, 2021년 3월에는 'UAM, 25년에 상용화, 35년에는 대구까지 간다'라는 제목으로 기술 로드맵을 발표하였는데, UAM을 교통수단으로 활용하는 데에 필요한 핵심 기술 확보 전략을 담고 있다. 국토교통부는 이미 2019년 8월에 UAM 전담 조직으로 '미래드론교통담당관'을 신설한 바 있는데, 저자의 '한대희+UAM' 채널을 방문하면 'UAM! 가능한가요?'라는 주제로 국토교통부 미래드론교통담당관과 2021년에 진행한 인터뷰 내용을 확인할 수 있다. 전체 인터뷰를 요약한 내용이지만 UAM 상용화에 대한 가이드가 되어 줄 것이다.

한국형 도심항공교통인 K-UAM 추진 계획을 보다 구체적으로 살펴보자. 우리나라는 UAM을 버스와 철도 등과 연계해 환승시간을 최소화하는 연계교통서비스의 일환으로 추진한다. 2021년 9월에 발표한 〈한국형 도심항공교통(K-UAM) 운용개념서 1.0〉에 따르면, UAM 상용서비스는 초기(2025~2029년), 성장기(2030~2034년), 성숙기(2035년~)의 3단계 발전 전략을 거친다. 단계별로 가장 눈에 띄는 부분은 '기내에 조종사(기장)가 직접 탑승하여 조종하는지'에 대한 여부다. 초기에는 조종사가 직접 탑승하여 조종하고, 성장기에는 원격조종, 성숙기에는 자율비행 방식이 검토되고 있다. 다만, 운용개념서는 조종사가 탑승하지 않을 성장기에도 승객 안전을 위해 안전 관리자가 동반 탑승하는 방식을 고려하고 있는데,

요금 인하 등을 위한 방편으로도 원격조종이나 지율비행 등이 추진되고 있음을 고려하면 실현 가능성이 궁금하다.

2025년 초기에는 기내에 조종사가 탑승하여 사전 설정된 다수의 UAM 고정 하늘길(Fixed Corridor, 고정형 회랑)을 통해 운용하게 된다. 기존 항공기와 다르게 UAM항공기는 도심의 상공(지상고도 450m 수준)을 비행하므로 비행경로에 따라 건물의 높이 등의 위험 요소나 지역별 소음 기준 등이 달라질 것이며, 이에 자유로운 비행이 아닌 엄격한 비행경로로 운항하게 된다. 조종사 또한 운항 전반에 규정과 규칙을 준수하고 UAM항공기와 승객의 안전을 책임질 수 있는 자격을 갖추게 될 것이다. 또한 UAM 고정 하늘길 내에서 운용되는 UAM항공기는 성능기반항법(PBN)의 요구조건을 충족하여야 한다. 다만 하늘길별로 요구조건이 서로 다를 수 있는데, UAM 하늘길 내에서는 항공교통관제사의 직접적인 개입 없이 UAM 교통관리서비스 제공자의 관리하에 분리가 이루어진다.

UAM 터미널인 버티포트(Virtiport, 수직으로 비행을 뜻하는 Vertical Flight와 항구를 뜻하는 Port의 합성어로 UAM 이용자의 탑승 및 환승은 물론 UAM항공기의 이착륙, 충전, 정비 등이 이루어지는 종합환승센터의 개념)는 사업의 목적(운송·정비 등)과 사업의 범위(운송, 운송·충전, 운송·충전·정비 등)에 따라 유형과 등급을 나누는데, 공항과 도심을 연결하는 소수의 버티포트 인프라가 구축될 예정이다.

2030년 이후 성장기에는 원격조종이 도입되고, 필요시 안전관리자가 탑승하며, 수도권 및 광역권에서 고정 하늘길이 열리는 단계이다. 수도권 및 광역권 서비스 제공을 위한 버티포트가 구축된다. 성숙기는 2035년 이후 무인 자율비행이 도입되고 전국 도심에 동적 하늘길이 구성되어 K-UAM이 성숙화에 이르는 단계이다. 서비스 호출에 따라 하늘길이 새롭게 정의되고, 전국 도심 서비스 제공을 위한 촘촘한 버티포트가 구축되는 등 본격적인 온디맨드(On-demand) UAM 상용서비스가 펼쳐지게 된다.

K-UAM 단계별 발전에 따른 주요 지표

항목	초기(2025년~)	성장기(2030년~)	성숙기(2035년~)
기장 운용	On Board	Remote 도입	Autonomous 도입
교통관리체계	UAM 교통관리서비스 제공자 역할 단계적 확대, 항공교통관제사 참여 단계적 축소		
교통관리 자동화 수준	자동화 도입	자동화 주도 및 인적 감시	완전 자동화 주도
회랑(하늘길) 운영 방식	고정형 회랑 (Fixed Corridor)	고정형 회랑망 (Fixed Corridor Network)	동적 회랑망 (Dynamic Corridor Network)
항공통신망	상용이동통신 (4G·5G), 항공음성통신	상용이동통신 (5G·6G), 저궤도위성통신, C2 LINK 등	
항법시스템	정밀위성항법	정밀위성항법 + 영상기반 상대항법	복합상대항법
버티포트 입지 및 형태	수도권 중심 버티포트	수도권 및 광역권 중심 버티포트	전국 확대

출처: 「한국형 도심항공교통(K-UAM) 운용개념서 1.0」, UAM Team Korea, 2021.09.27.

UAM이 친환경 미래 신성장동력으로 인정받으면서 글로벌 기업 간의 경쟁도 더욱 치열해지고 있다. 구체적으로 스타트업은 물론이고 항공 기술을 선점한 에어버스와 보잉 등의 항공기 제조사, 대한항공과 ANA 홀딩스 등의 운항사도 참여 의사를 밝혔으며, 헬리콥터 제조사인 벨 텍스트론은 2023년 UAM 상용서비스를 목표로 '벨 넥서스(Bell Nexus)' 프로그램을 진행 중이다. 대규모 양산이 가능한 자동차 제조사 또한 이 기회를 놓치지 않았다. 현대자동차는 별도의 조직을 구성해 시장 참여를 선언하며 세계 최대 IT·가전 박람회인 CES 2020에서 콘셉트카를 선보였으며, GM은 CES 2021을 통해 UAM항공기 콘셉트카를 공개했다. 그 외에 도요타는 글로벌 스타트업 조비 에비에이션(Joby Aviation, 이하 '조비')과 카티베이터(Cartivator)에 투자하고 있다.

현재 UAM항공기 개발은 조비, 릴리움(Lilium), 볼로콥터 등의 글로벌 스타트업이 선도하는 양상이다. 볼로콥터가 개발 중인 '볼로시티(Volocity)'는 수차례 도심 시연비행은 물론 1,000회가 넘는 시험비행을 진행했고, 앞서 말했듯이 EASA의 유관 인증도 획득한 상태다. 또한, 2021년 9월 나스닥에서 거래를 시작한 릴리움도 2019년 시험비행에 성공했으며, 2021년 8월 뉴욕증권거래소에 스팩(SPAC) 상장한 조비는 1,000회 이상의 시험비행을 이미 완료하였다. 2024년부터 UAM 상용서비스를 시작한다는 계획이다.

이 책에는 UAM항공기 개발에 뛰어든 글로벌 주요기업을 크게 '승객드론' 부문과 '배달드론' 부문으로 구분한 뒤 이들의 추진 현황을 각각 소개할 것이다. 신규 산업이기 때문에 많은 변화가 있겠지만 출간 후 주요 변경 사항은 '한대희+UAM' 채널을 통해 업데이트할 예정이다.

UAM이 글로벌 이슈로 부상한 건 언제부터일까? '루프트한자 테크닉'이 2021년에 발간한 보고서를 보면, 흥미로운 분석 결과가 있다. 해당 보고서에 의하면 10년간 전 세계 뉴스 기사 및 SNS를 분석했을 때, 본격적으로 UAM에 대해 대중이 관심을 보인 건 2017년부터였다. 구체적으로 우버 엘리베이트가 2016년 10월에 백서를 출간한 후 2017년 3분기부터이다. eVTOL을 하늘로 띄우겠다는 우버의 비전에 대중이 반응한 것이다. 이후 2019년 10월에 보잉과 포르쉐가 플라잉카 시제기 개발을 위해 협력하겠다고 발표하자 대중은 UAM을 신뢰하기 시작한다. 같은 달, 볼로콥터의 싱가포르 마리나 베이에서의 시범비행 성공 소식은 '정말 가능할까?'라는 의문이 '곧 가능하겠는데!'라는 확신을 갖게 한다. 코로나19 팬데믹으로 항공업계가 어려워지긴 했지만, 조비와 릴리움 등에 대규모 투자가 이뤄지면서 UAM 상용화는 가속화되고 있기까지 하다. 사실 한국의 현대자동차그룹과 한화시스템 등도 이미 글로벌 경쟁에 뛰어들었으나, 주된 개발 무대가 미국이다 보니 독자들이 체감하기 어려운 점이 다소 아쉽다.

UAM이 부동산 시장을 바꾼다?

모빌리티 기술은 도시환경 변화에 큰 영향을 미친다. 자동차의 등장이 대표적이다. 1913년 미국의 포드 자동차가 혁신적 컨베이어 시스템으로 자동차를 대량생산하기 시작하자 자동차의 보급이 확대되었다. 자동차 한 대를 조립하는 시간이 750분에서 93분으로 대폭 단축되며 가격도 1908년 825달러에서 1920년 255달러로 매우 저렴해졌다. 1907년 8,500대에 불과했던 미국 전체 자동차 생산량이 1923년 들어 모델T 단일 차종의 연간 생산량만 무려 201만 대에 달했으며, 제2차 세계대전 이후에는 '누구나' 자동차로 이동하기 시작했다. 마차길 중심이던 미국과 유럽의 도시 인프라가 도로 인프라로 변화하며 사람들의 기동성이 좋아지고 활동 반경이 넓어진 것이다. 그리고 교통 인프라가 도시 내 토지 이용 개발을 주도하게 되었다.

향후 UAM 상용서비스가 본격적으로 추진되면 우리의 삶에는 어떤 변화가 일어날까? UAM은 시민들의 교통-주거-생활 전반에 영향을 미치는 도심 교통수단으로 도시 계획 전반에 영향을 미치게 될 것이다. 몇 가지 가정을 통해 변화를 예상해 보자.

먼저 서울 여의도에서 수서역까지 급하게 이동하는 상황을 가정하자. 자가용이나 택시, 지하철이 가장 일반적인 이동수단이지만 교통체증이 일상화한 서울에서 가장 효율적인 수단은 지하철일 것이다. 빨리 갈 수는 없어도 늦지 않게 도착할 수는 있다. 그러나 MaaS와 연계된 UAM 등 미래 모빌리티가 활성화되면, 스마트폰 앱으로 '여의도에서 수서역'까지의 이동수단을 검색한 뒤 곧바로 최적의 경로인 '현 위치→(택시 이용)→여의도 버티포트→(UAM

항공기 이용)→수서역 버티포트'를 찾아내게 될 것이다. '예약'을 클릭하면 택시와 UAM항공기가 한 번에 예약되고, 3분 후 택시가 도착한다. 이렇게 여의도에서 수서역까지 15분 만에 이동할 수 있다. 이 내용을 동영상으로 확인하고 싶다면, 볼로콥터의 유튜브 채널을 방문하여 'Grab and Volocopter Conduct Feasibility Study for Air Taxis'(2020.02.18. 등록) 동영상을 확인하자. MaaS와 UAM이 연계된 향후 모빌리티 서비스를 보여주는데, 저자가 종종 추천하는 영상이다.

볼로콥터의 버티포트

출처: 위키미디어 커먼스(저작자: Nikolay Kazakov/CC BY-SA 4.0)

이번에는 출퇴근 상황을 가정해 보자. 경기도 광주시에 위치한 집에서 서울 여의도까지 출퇴근해야 한다면, 이동 시간을 얼마나 예상해야 할까? 대중교통을 이용한다면 버스와 지하철을 이용해 2시간 정도 소요된다. 자가용을 이용한다면 대략 45km인데 빠르면 1시간이지만 막히면 답이 없다. UAM 상용화 이후로 가 보자! 이 또한 스마트폰 앱으로 '광주시에서 여의도'를 검색하면 된다. 최적의 경로로 '현 위치→(택시 이동)→경기도 광주시 버티포트→(UAM 항공기 이동)→여의도 버티포트'가 추천될 것이다. '예약'을 누르면 택시와 UAM항공기가 한 번에 예약되고, 3분 후 도착하는 택시를 타고 이동하면 된다. 여의도까지 걸리는 시간은 30분이다. 이용요금이 부담될 수 있지만, 향후 자율비행 UAM항공기는 일반 택시보다 저렴할 것으로 기대되고 있다. 평소 바라던 전원주택에서 살면서 여의도 등 장거리 출퇴근이 가능한데, 이때쯤이면 거주하는 집이나 사무실 주변의 버티포트 존재 여부가 무척 중요할 것이다. 버티포트 인근이라면 도로 교통체증 여부와 상관없이 빠르게 이동할 수 있게 된다.

긴급한 해외 출장으로 공항에 가야 하는 상황도 가정해 보자. 서울 강남에서 인천공항까지 자가용을 이용하면 70km 거리에 1시간 이상 소요되고, 대중교통은 2시간 이상 소요된다. 서두른다 해도 한계가 있다. 자, UAM 상용화 이후로 떠나 보자! 마침 사무실 인근에 버티포트가 생긴다면 예약과 동시에 출발해 도보 포함 30분 만에 인천공항까지 이동이 가능하다!

버티포트의 위치는 향후 부동산 가격에 영향을 미칠 것이다. 먼 이야기 같은가? 글로벌 컨설팅기업인 KPMG 인터내셔널은

2050년까지 UAM이 새로운 이동수단으로 활성화될 70개 도시를 선정했다. 여기에는 뉴욕, 로스앤젤레스, 파리, 런던 등 서구권의 대도시와 함께 멕시코시티, 상파울루 등의 도시도 포함되었다. 그러나 KPMG 관점으로 UAM 시장에서 가장 주목해야 할 지역은 아시아의 메가시티이다. KPMG는 인구 밀집과 경제 성장, 도로혼잡도 등을 고려할 때, 향후 UAM 시장의 성장 가능성이 높은 지역으로 서울, 도쿄, 베이징, 델리, 뭄바이 등을 꼽았다. KPMG 인터내셔널은 2030년에 접어들면 전 세계적으로 매년 1,200만 명의 이용자가 UAM을 이용할 것으로 전망했으며, 2050년에 이르면 사용자는 4억 4,500만 명에 달할 것으로 추정했다. 다만, UAM의 활용 범위는 시기별로 다소 차이가 있을 것으로 예상하는데 우선 2030년대에는 도심과 공항을 오가는 셔틀 노선으로 활용되고, 2040년대에는 도심의 출퇴근 노선이나 에어택시로 활용 범위가 확대될 것으로 보았다. 2050년대에는 광역권 도시 간 이동이 가능해질 것으로 전망한다. 특히 2050년 UAM 이용객 수가 가장 많은 도시로는 도쿄, 상하이, 베이징, 델리, 뉴욕, 서울, 로스앤젤레스, 뭄바이, 오사카, 광저우 10개 도시가 될 것으로 분석했다.

도시별·연도별 UAM 이용객 수 전망

(단위: 백만 명)

NO	도시명	국가명	2030년	2040년	2050년
			도심-공항 셔틀 이용	도심통근 및 에어택시로 확대	광역권 도시 간 이동으로 확대
1	도쿄	일본	1.1	7.5	24.6
2	상하이	중국	1.0	7.2	24.3
3	뉴욕	미국	0.7	4.7	15.7
4	베이징	중국	0.7	4.9	16.4
5	서울	한국	0.7	4.7	15.5
6	로스앤젤레스	미국	0.6	4.5	15.2
7	오사카	일본	0.5	3.6	11.6
8	광저우	중국	0.5	3.2	10.8
9	텐진	중국	0.5	3.2	10.6
10	멕시코시티	멕시코	0.4	3.0	10.0
11	선전	중국	0.4	2.9	9.8
12	상파울루	브라질	0.4	2.8	9.5
13	런던	영국	0.4	2.6	8.7
14	파리	프랑스	0.4	2.5	8.4
15	시카고	미국	0.3	2.3	7.8
16	방콕	태국	0.3	2.4	8.2
17	자카르타	인도네시아	0.3	2.0	6.8
18	우한	중국	0.3	1.9	6.5
19	쿠알라룸푸르	말레이시아	0.3	1.9	6.5
20	댈러스	미국	0.2	1.6	5.4

출처: 「하늘 위에 펼쳐지는 모빌리티 혁명, 도심 항공 모빌리티(Urban Air Mobility, UAM)」(Samjong INSIGHT Vol.70), 삼정KPMG 경제연구원, 2020.03.23.

이렇게 우리나라를 포함한 주요국가는 2025년 전후로 UAM 상용서비스를 시작하고, 2030년대에는 제법 활성화될 것으로 전망한다. UAM은 과거에 마차를 대체한 자동차가 그러했듯, 기존의 교통체계의 패러다임을 바꿀 혁신적인 교통 시스템이 될 것이다. 계획대로 추진된다면 버티포트의 위치 선정이 주요 관심사로 부상할 것이다.

이 정도는 정리하고 갑시다!

UAM이 어렵고 막연하게 느껴진다면 외래어를 많이 사용하는 신규 사업이기 때문일 것이다. 낯선 용어들이 수없이 등장하고 의미 또한 수시로 업데이트된다. 번역 표기에도 차이가 있고, 말하는 사람마다 다른 의미로 사용되는 경우도 있다. 이 장에서는 이러한 오류를 바로잡기 위해 필수 용어의 의미를 간략히 정리하고 넘어가고자 한다. 독자의 혼란을 최소화하기 위해 가급적 2020년 6월에 발표된 '한국형 도심항공교통(K-UAM) 로드맵'과 2021년 9월에 발표된 '한국형 도심항공교통(K-UAM) 운용개념서 1.0'을 기준으로 한다.

UAM(Urban Air Mobility)

'도심항공교통'으로 번역 표기하며, eVTOL(전기동력 수직이착륙기) 등의 UAM항공기를 이용해 도심 권역을 이동하는 공중 교통 체계를 의미한다. 분산전기추진(DEP), 전기동력, 저소음 등의 기반 기술 발달에 힘입어 만성적인 도심 교통혼잡의 해결 수단으로 기대를 모으고 있다.

eVTOL(electric Vertical Take Off & Landing)

'전기동력 수직이착륙기'를 말하며, 이 책에서는 UAM항공기를 대표하는 용어로 사용한다. 전기동력이기 때문에 친환경적이고 소음이 적으며, 활주로 없이 도심에서 이용이 가능하다. 진입장벽이 높고 공고한 기존의 항공산업과 달리, 다양한 형상과 성능의 기종이 개발·시연 중이며, 추진 형태별로 '틸트로터(Tilt-rotor)형, 고정익&회전익 복합형, 멀티로터(Multi-rotor)형'으로 분류할 수 있다.

'틸트로터형'은 프로펠러처럼 보이는 로터를 앞쪽과 위쪽으로 방향을 바꾸어 비행하는 방식이다. 수직으로 이착륙할 때는 로터를 위로 향하게 하고, 전진비행할 때는 로터를 앞쪽으로 향하게 한다. 따라서 수직이착륙할 때는 헬리콥터와 비슷하고 전진비행할 때는 고정익 항공기와 비슷해 보인다. '고정익&회전익 복합형'은 각각 독립적인 고정식 추진부를 구성한다. 틸트로터형보다 수직이착륙에 용이하고, 멀티로터형보다는 전진비행에 효율적이다. '멀티로터형'은 일반적인 헬리콥터와 유사한 회전익 방식이다. 기술적 난이도가 낮아 조기 상용화에 유리할 것으로 평가받는데, 제자리비행 효율이 높아 수직이착륙에 용이하고, 여러 개의 로터로 구동하기 때문에 안전성도 높은 편이다. 단, 전진비행 효율성이 낮아 장거리 고속비행에는 한계가 있다.

시제기(Prototype)

대량생산에 앞서 제작해 보는 모형으로서 시험 제작한 항공기를 말한다. 새로운 항공기를 설계, 제작할 때 시제기를 만들어 비행성능과 하중 시험, 안전성, 조종성 등을 평가·검토하게 된다.

에어택시(Air Taxi)

승객 운송을 주요 목적으로 공항과 공항 사이를 부정기적으로 운항하는 소형 항공기를 지칭하나, 최근 UAM이 부상하며 '승객 운송용 UAM항공기'를 지칭하는 용어로 통용된다.

승객드론(Passenger Drone)

승객 운송 목적의 UAM항공기를 지칭한다. 구글의 트렌드를 활용하여 분석한 결과, 2017년 2월을 정점으로 많이 활용되고 있는 용어이며, 최근에는 EU, 일본, 미국 등의 국가에서 많이 사용했다. 이 책에서는 독자의 직관적 이해를 돕기 위해 에어택시와 드론택시를 대표하는 용어로, 배달드론과 대비되는 용어로 사용한다.

배달드론(Delivery Drone)

운송품 배송 목적의 UAM항공기를 지칭하는 용어이다. 단순한 배송을 넘어 기후, 도로 상황, 주문자가 자주 가는 위치에 대한 정보 등을 분석해 최적화한 경로로 배송하는 등 방대한 부가정보 서비스를 제공할 것으로 기대된다. 기존의 택배 서비스를 보완·대체할 것이라는 전망에서 '드론 택배'와 혼용하여 사용하기도 한다. 이 책에서는 승객드론과 대비되는 개념으로 사용한다.

버티포트(Vertiport)

수직 비행할 수 있다는 의미의 Vertical Flight와 항구를 의미하는 Port의 합성어이자 신조어다. UAM항공기가 이착륙하기 위한 기반시설(교통시설)로 육상, 수상, 건물 옥상 등에 위치할 수 있으며, 필요에 따라 정비 지원이나 승객 탑승·하기·환승 및 화물의 적재·적하 등을 위한 시설 등을 포함할 수 있다. 일종의 UAM 터미널로서, 고속버스 터미널을 연상하면 이해가 쉬울 것이다.

UAM 회랑(UAM Corridor)

UAM 안전 운항을 위해 전용으로 분리 운영되는 공역으로, UAM항공기가 목적지로 이동하는 통로를 말한다. 이 책에서는 독자의 이해를 돕기 위해 전문용어인 회랑을 '하늘길'과 병행해 표기한다.

UAM교통관리체계(UATM)

UAM항공기의 안전한 항행을 위한 교통관리체계를 말한다.

UAM 교통관리서비스 제공자(PSU)

UAM 운항 안전정보의 공유 및 교통 흐름 관리, 비행계획 승인 및 항로 이탈 모니터링 서비스를 제공하는 주체이다.

UAM운항자(UAM Air Operator)

UAM 비행계획을 수립하며, 항공기의 운항 및 운용, 관리의 주체이다. 기존 항공산업으로 보자면 대한항공, 카타르항공, 유나이티드항공 등의 항공사로 이해하면 쉬울 것이다.

운항지원정보 제공자(SDSP)

지형, 장애물, 날씨 등 운항지원정보 서비스를 제공하는 주체이다.

버티포트 운영자(Vertiport Operator)

UAM항공기의 안전한 운용을 위해 버티포트의 운영과 서비스를 제공하고, 버티포트 권역을 감시하는 주체이다.

AAM(Advanced Air Mobility)

'미래항공 모빌리티'로 번역 표기한다. eVTOL 등 혁신적인 항공기를 이용해 항공 서비스가 부족했던 지역의 주민이나 화물을 안전하고 편리하게 이동시키고자 하는 NASA의 비전이 담긴 용어이다.

플라잉카(Flying Car)

도로 주행과 공중 비행 모두 가능한 자동차를 말한다. 자료에 따라 '하늘을 나는 이동수단'의 대명사로도 통용되며, 1917년 미국의 글렌 커티스가 개발한 오토플레인을 시초로 본다.

드론택시(Drone Taxi)

무인조종 및 자율비행을 전제로 한 대중교통 서비스를 의미한다. eVTOL 등의 미래 이동수단을 택시처럼 활용하자는 의미를 담고 있는데, 안전한 무인조종과 자율비행이 현실화되면 서비스 이용요금이 낮아져 접근성이 높아질 전망이다.

PAV(Personal Air Vehicle)

'개인용 항공기'로 번역하며, 개인 소유가 가능한 수준으로 소형화와 조종이 단순화한 비행체를 의미한다. 자료에 따라서는 eVTOL과 유사한 의미로 사용된다.

모빌리티(Mobility)

사전적으로는 '이동성'이라는 의미가 있으나 일반적으로는 '사람들의 이동을 편리하게 하는 데 기여하는 각종 서비스나 이동수단'을 폭넓게 이른다. 전통적인 이동수단에 정보통신기술(ICT)을 결합하여 편의성과 효율을 높였다는 의미로도 사용된다.

MaaS(Mobility as a Service)

서비스로서의 모빌리티를 의미하며, 승용차, 버스, 택시, 자전거 등의 이동수단이 개별적으로 제공되는 방식에서 '출발지에서 목적지로 가기 위한 최적 솔루션을 통합 제공하는 신(新) 모빌리티 서비스'를 말한다. 서비스의 연결 및 통합 정도에 따라 5단계로 구분할 수 있는데, 1단계는 '통합이 없는 상태(No integration)'로 개별 이동 서비스가 상호 연결 없이 별도로 제공된다. 2단계는 '정보의 통합(Integration of information)'으로 개별 이동수단의 요금·경로 등을 종합하여 이용자에게 제공한다. 구글 맵이나 네이버 대중교통 등이 이에 해당한다. 3단계는 '예약·결제의 통합(Integration of booking and payment)'으로 일원화된 정보 중에 선택된 이동수단의 예약·결제 등을 하나의 앱에서 일괄 처리한다. 4단계는 '서비스 제공의 통합(Integration of service offered)'으로 각종 이동수단 및 서비스가 종합적으로 제공되고, 이용자는 구독 서비스를 이용하게 된다. 스웨덴의 유비고(Ubigo)와 핀란드의 윔(Whim) 등이 이에 해당하며 선진 사례로 꼽힌다. 마지막 5단계는 '정책의 통합(Integration of social goals)'으로 친환경 등의 사회적 목표를 위해 도시 계획, 인센티브 제공 등 교통 정책이 뒷받침되는 상태이다.

이상 필수 용어의 의미를 정리하였다. 신산업의 탄생인 만큼 생태계별로 기술 발전 및 선도 기업이 바뀌어 가며 또다른 용어가 등장하고 의미가 변화할 것이다. 다만, 이 책에서만큼은 사용하는 용어의 의미가 달라 발생하는 소통의 혼란을 최소화하고자 한다.

2

UAM 글로벌 주요기업별 추진 현황

"하늘에서 테슬라와 우버가 만났다!" 2021년 8월, 글로벌 스타트업 조비가 뉴욕증권거래소에 스팩 상장하자 나온 자체 평가다. 미국 주요 경제매체에 따르면, 조비는 상장 첫날 33.60%(3.37달러) 오른 13.40달러에 장을 마감했으며 조비의 CEO 조벤 베버트(JoeBen Bevirt)는 UAM항공기도 자율주행 차량과 같이 향후 자율비행 기능을 추가하는 것을 목표로 하고 있다고 밝혔다. 실제로 조비는 UAM 플랫폼 구축을 선도해온 우버 엘리베이트 사업을 인수하며 항공기 개발을 넘어 UAM 산업 전반으로 비즈니스를 확장하고 있다.

UAM 시장 선점을 위한 UAM항공기 개발에 각국의 경쟁이 날로 치열해지고 있다. 대표적인 UAM항공기인 eVTOL은 2016년 6개 기종이 개발 중이었으나 2021년 기준으로 400여 개 모델이 개발 중이거나 계획 중에 있다. 중국 이항(Ehang)이 CES 2016에서 자율비행 '이항 184(1인용)'를 처음 선보인 이후 글로벌 주요기업들의 eVTOL 개발 경쟁이 가속화되는 추세다.

이 책은 UAM항공기 개발에 뛰어든 글로벌 주요기업을 '승객드론 부문'과 '배달드론 부문'으로 구분한 뒤, 부문별 주요기업의 추진 현황을 소개하고자 한다. 세부적으로는 부문별 특성을 고려하여 승객드론 부문은 UAM운항자보다는 UAM항공기 제조기업 위주로 소개하고, 배달드론 부문은 제조는 물론 드론 배달 서비스 기업을 포함하여 소개한다. 저술 시점을 기준으로 소개하며, 출간 후 변경 사항은 '한대희+UAM' 채널 통해 업데이트하겠다.

승객드론 부문

승객드론 관심 기업을 소개합니다

우버 엘리베이트(Uber Elevate)

저자가 UAM과 관련하여 기억하는 몇몇 일자가 있다. 스마트폰 사용 후 외우는 번호도 많지 않고, 사람의 이름이나 기념일을 잊어 난처한 상황이 종종 있었지만, 2020년 12월 2일! 우버가 UAM 사업을 매각한다는 기사를 발견한 날은 잊히지가 않는다. 스크랩하는 수많은 기사 중 하나로 가볍게 흘려버릴 수 있었으나 그날은 기사를 천천히 확인할 수밖에 없었다.

기사는 'UAM 사업을 시작하려는 우버의 야심 찬 도전이 중단되고 있다. 차량공유 회사인 우버는 자사의 '우버 엘리베이트' 사업부를 스타트업인 조비에 매각하기로 합의했다. 이는 우버의 CEO 다라 코스로샤히(Dara Khosrowshahi)가 회사의 수익성을 높이기 위한 노력 중 하나이다' 등등의 내용이었다. 저자에게는 충격적인 기사였다. 코로나19 팬데믹으로 인한 우버의 실적 악화는 예견된 바였지만, 우버 엘리베이트의 사업부 매각은 예상치 못했다. 게다가 매각 대상이 정보 공개에 인색하던 조비라고?

잠시 매각 전후의 상황을 살펴보자. 항공산업은 비약적인 발전을 거듭하며 21세기에 진입했는데, 이즈음에 '개인용 항공기(PAV)'라는 용어가 등장했다. 20세기의 자동차가 그러했듯이 개인용 항공기는 21세기 인간 삶의 영역을 더 넓고 높게 확대해 주리라는 기대가 있었다. 2010년을 전후로 개발 중이던 플라잉카 모델들이 하나둘 공개되기 시작하면서 PAV를 구현하기 위한 다양한 견해와 주장이 우후죽순 발표되었는데, NASA 외에 전 세계 연구기관과 기업이 개발과 사업에 뛰어들기도 했다. 이런 상황에 홀연히 나타나 UAM 개념부터 일목요연하게 정리한 기업이 있었으니 바로 우버다! 우버 엘리베이트 사업부를 출범하고 2016년 〈Fast-Forwarding to a Future of On-Demand Urban Air Transportation〉이라는 제목의 백서를 발간하여 업계의 주목을 받은 것이다. 다소 모호하게 난립하던 UAM의 개념부터 정립하고 그 근거를 조목조목 제시하자 UAM 업계가 평정된 것이다. 초기 UAM 산업의 리더, 우버가 등장했다!

백서는 100쪽 가까운 분량이다. 백서 제목 중 '온디맨드(On-demand)' 라는 표현에서 유추할 수 있는 것처럼, 차량공유 기업인 우버는 MaaS 플랫폼의 완성도를 높이기 위해 UAM을 추진한 것으로 보인다. 당시 우버는 2009년 트래비스 칼라닉(Travis Kalanick)이 창업해 2010년 6월 미국 샌프란시스코에서 서비스를 시작한 이래 성장을 거듭하여 2015년에 세계 30여 도시에 진출한 상태였다. 그러나 빠른 성장 이면에 이해관계자인 각국의 택시기사들과 충돌이 발생하였고, 내부적으로는 우버의 기사들이 개인사업자인지 우버의 편법 직원인지에 대한 분쟁이 이어지고 있었다. 지상의 도로교통 MaaS 플랫폼으로는 성장의 한계를 노출하여 새로운 돌파구가 필요한 시점이었다. 무엇보다 투자자들에게 제시할 새로운 비전이 필요했다.

그래서였을까? 백서에는 UAM 시대를 여는 우버의 미래 비전이 담겨 있다. 5년 안에 자율비행 항공기 개발을 완료하고 2026년에는 자율비행 항공기 네트워크를 배치한다는 원대한 계획이다. 우버의 기사 고용 시스템에 대한 논쟁을 넘어, 기사 없이도 운항이 가능한 자율비행 항공기 개발 비전을 제시한 것이다. 나아가 우버는 백서에서 UAM 상용화를 가로막는 '장벽(barriers)'에 대한 타당성 조사 분석을 통한 상용화 가능성을 보여주었다. 초고층 빌딩이 도심의 제한된 토지를 더 효율적으로 이용할 수 있게 해준 것처럼, 지상의 교통혼잡을 완화하기 위해 3차원의 영공을 이용함을 강조하고 적절한 UAM항공기 솔루션과 eVTOL 개발을 제시한 것도 이 백서이다.

온디맨드(On-demand, 수요응답형) 경제는 주문과 동시에 배달 또는 전달하는 시스템이다. IBM의 CEO이었던 사무엘 팔미사노(Samuel J. Palmisano)가 수요자 중심의 사업을 설명하며 처음으로 언급하였고, 현재는 기술의 진보와 인구구조 및 노동시장의 변화, 소비자 행동 진화에 대응하여 다양한 방식으로 고객의 수요를 충족시키는 비즈니스로 정의할 수 있다. 우버, 에어비앤비(Airbnb) 등의 서비스가 초기에는 '공유'에 초점을 뒀으나 점차 '수요가 있다면 무엇이든 제공한다'는 온디맨드 전략으로 바뀌었고 온디맨드 서비스를 내세운 기업들이 더 늘어나면서 현재의 시장경제에서 온디맨드 경제가 주목받게 되었다. 관련하여 온디맨드 경제가 빠르게 확산하면서, 임시직을 섭외해 일을 맡기는 '임시직 경제(Gig Economy)'가 새로운 고용 형태로 부상하였고, 이는 또 다른 사회 문제로 대두되었다.

출처: 한대희 저 《드론공유서비스》

UAM 상용화가 거론되는 지금! 우버의 백서에 기록된 '장벽'에 대해 살펴보자. 첫 번째는 '감항인증 절차'이다. 사실 항공기를 만들어 운항하기 위해 해당 제조사는 FAA, EASA 등과 같은 감항당국의 감항인증을 획득해야 한다. 이 절차는 안전과 직결되기 때문에 상당한 시간이 소요되는데, 특히 eVTOL은 인증의 관점에서 보면 새로운 형태이기 때문에 각국의 감항인증 절차가 더욱 까다롭게 장시간 진행될 수 있다. 우버는 이러한 감항인증 절차를 현실적으로 극복해야 할 첫 번째 장벽으로 인식했다.

두 번째는 '배터리 기술'이다. 2016년 당시에는 배터리가 장거리 출퇴근에 필요한 동력을 갖추지 못하고 충전 속도도 느렸다. 우버는 이를 지적하며 느린 충전 속도는 항공기의 운용 효율을 낮추고 경제성을 떨어뜨리는 요인이 된다고 하였다. 더불어 배터리 교체 주기와 수명, 배터리 비용을 결정하는 '킬로와트당 비용(Cost per kilowatt-hour)'의 경제성에도 주목했다. 이는 우버가 전기동력을 사용하는 eVTOL을 제시하는 데에 배터리 기술 수준이 과제였음을 보여준다.

세 번째는 'eVTOL의 효율'이다. 이 부분에서는 당시 우버가 UAM항공기의 대안으로 헬리콥터를 검토하였음을 확인할 수 있다. 여러모로 헬리콥터를 검토하였으나 대량으로 도입하여 운용하기에는 에너지가 비효율적이어서 경제성이 부족하다고 기록되어 있다. 또한, 우버는 헬리콥터 대비 용도가 제한적인 차량공유 비즈니스(MaaS와 연계된 UAM 서비스를 의미)를 위해서는 분산전기추진 기술을 통해 헬리콥터의 한계를 넘어선 보다 높은 효율로 양력을 제공하는 고정익기를 eVTOL로 활용할 수 있음을 주장했다. 다만 2016년 당시에 이를 상용화한 항공기가 없는 것이 실제 위기라고 하였다.

네 번째는 'eVTOL의 성능과 신뢰성'이다. 기본적으로 차량공유 항공기는 이용자의 요청 이후 승하차까지의 시간을 최소화하는 등의 운용 효율을 높여야 한다. eVTOL도 마찬가지다. 당시 우버의 최대 과제는 150~200mph 운항속도와 최대 1분 이내의 이착륙 시간, 다양한 기상 조건에서도 운항이 가능한 견고함 등이었다.

다섯 번째는 '항공교통관제(ATC)'이다. UAM항공기의 교통관리체계인 UAM교통관리체계의 필요성이 기록되어 있다.

여섯 번째는 '비용과 경제성'이다. 앞서 언급했듯이 헬리콥터는 수직이착륙에 가장 가까운 항공기이지만 대규모 운송 서비스의 일부로 운영하기에는 상당히 고가이다. 또한, 에너지가 비효율적이며 유지보수 비용이 많이 들고, 높은 수준의 소음으로 인해 도시 지역에서의 사용이 크게 제한된다고 기록하고 있다. 이렇게 우버는 여러모로 헬리콥터를 진지하게 고려했음을 알 수 있다. 우버는 기계적 복잡성보다는 디지털 제어를 활용해 조금 더 단순하고 조용하며 운영 효율성이 높은 UAM항공기의 설계를 제안하는데, 이를 통해 운영비용 및 요금 인하의 선순환을 기대하고 있었다.

UAM항공기로 헬리콥터가 아닌 eVTOL을 제시한 우버지만, 우버는 사실 헬리콥터에 대한 이해와 활용 경험이 풍부한 기업이다. 이미 2015년에 뉴욕에서 인근 공항까지 이동하는 헬리콥터 서비스를 선보인 바 있는데, 이용자가 앱으로 JFK공항이나 뉴욕공항을 선택하면 6분 안에 도착했고, 이용요금은 219달러였다. 게다가 2019년에는 아예 우버콥터(Uber Copter) 사업부를 만들어서 미국의 JFK공항과 뉴욕 맨해튼 간 '에어택시 서비스'를 본격적으로 제공하였다. 그러나 높은 소음과 대기오염 이슈는 여전했고, 평균 항공요금 역시 200~225달러 수준의 고가인 점 등으로 서비스 확대에 한계가 있다는 지적이 쏟아져 나왔다. 우버가 eVTOL을 제시한 데에는 유관 서비스 경험에서 우러나온 나름의 이유가 있었던 것이다.

일곱 번째는 '안전'이다. 우버는 eVTOL이 사망자 수를 기준으로 자동차보다 안전해야 함을 주장했다. 미국 연방항공규정인 FARs(Federal Aviation Regulations) Part 135에 따르면 '통근 및 주문형 항공편'의 평균 사망률이 자가용보다 높은 편임에도 우버는 eVTOL이 이를 대폭 낮출 수 있다는 신념을 보였다. 분산전기추진 기술과 조종사 보강을 통한 부분 자율성이 안전 방정식의 핵심요소라고 주장했다.

여덟 번째는 '소음'이다. UAM을 확산하기 위해서는 eVTOL을 지역 사회가 수용해야 하는데, 이를 위해 소음의 정도가 중요한 역할을 한다고 보았다. 우버는 eVTOL이 생활 소음과 효과적으로 섞일 수 있을 만큼 낮은 소음 수준을 달성해야 함을 제시한다. 궁극적으로 eVTOL 소음 수준이 중형 트럭의 절반이어야 한다고 기록하고 있다.

아홉 번째는 '온실가스 배출'이다. eVTOL은 UAM을 대표하는 이동수단이다. 따라서 eVTOL이 운항하는 동안 발생하는 온실가스 배출량(전기 생산 과정을 포함한)은 물론 배터리 충전 등의 전 과정에 온실가스 배출을 최소화하고 지속 가능해야 한다고 주장했다.

열 번째는 '도시의 버티포트 인프라'이다. 도심에서 eVTOL을 운항하는 데 있어 가장 큰 장벽은 착륙장을 배치할 공간이 부족하다는 점이다. 감항인증을 획득해도 적절한 이착륙 장소가 없으면 상용화가 불가하다. 그러므로 UAM의 잠재력을 극대화하기 위해서는 버티포트 인프라를 구축해야만 한다. 당시 우버는 도시 내 버티포트 구축이 도로, 철도, 교량 등과 같은 대규모 기반시설 대비

상당한 비용 절감 효과를 가질 것으로 보았는데, 용도가 변경된 주차장, 기존의 헬리콥터 착륙장, 고속도로 주변의 사용하지 않는 토지조차도 버티포트에 활용될 수 있음을 제시했다.

마지막은 '조종사 훈련'이다. FARs Part 135에 따르면 상용기 조종사가 되기 위해서는 시계비행(VFR) 500시간과 계기비행(IFR) 1,200시간의 경험이 필요하다. UAM이 확장됨에 따라 조종사의 필요성은 급격히 증가하는데, 자격을 갖춘 조종사가 부족하면 성장에 제한이 있을 것으로 내다보았다.

이상 우버 백서에 기록된 '장벽'에 대해 간단히 정리해 보았다. 굳이 항목별로 정리한 이유는 지금도 우버의 2016년 당시의 고민을 넘어서기 위한 노력이 활발하게 진행되고 있기 때문이다. 글로벌 eVTOL 스타트업들은 이 장벽을 넘어서기 위한 노력과 실증 자료를 속속 제시하고 있는데, 구체적인 내용은 다음 장에서 소개하기로 한다.

우버는 백서 발간 이후, 2017년부터 코로나19 팬데믹이 벌어지기 전인 2019년까지 '우버 엘리베이트 써밋' 행사를 개최하며 본격적인 리더십을 발휘했다. 이 행사를 통해 미국 정부는 물론 주요기업을 대상으로 영향력을 키워나갔으며, 특히 주요 eVTOL 제조사를 대상으로 파트너십을 체결하기도 했다. '벨 텍스트론, 보잉 넥스트(Boeing NeXt), 엠브레어X(EmbraerX), 현대자동차, 존트 에어 모빌리티(Jaunt Air Mobility), 조비, 카렘(Karem Aircraft), 피피스트렐

(Pipistrel Aircraft)' 등이 그들이다.

또한, 우버는 eVTOL 제조사들에 UAM항공기 요구사항을 전달하였는데, 공개된 문서(Uber Air Vehicle Requirements and Missions)를 통해 그 내용을 짐작할 수 있다. 공개된 문서는 총 5페이지 분량으로 표지를 제외하면 4페이지에 불과하다. 구체적으로 문서는 개요 및 UAM항공기 요구사항, 임무로 구성되며, UAM항공기 요구사항에는 'VTOL, 안전, 소음, 에너지 저장, 스카이포트(버티포트), 충전, 조종사, 네트워크 통신, 탑재하중, 지상택시, 크기' 등의 항목별로 짧게 정리되어 있다.

'VTOL' 항목은 UAM항공기가 수직이착륙 능력이 있어야 하고, 제자리비행 능력을 갖추어야 함을 요구한다. 넓은 활주로를 확보하기 어려운 도심에서는 수직이착륙이 필수이기 때문이다. '안전' 항목에는 UAM항공기가 어떤 상황에서도 안전하게 수직 착륙할 수 있어야 함을 요구한다. 조류 충돌을 포함하여 위험한 고장이 발생했다 할지라도 말이다. '소음' 항목은 지역 사회가 수용할 수 있도록 UAM항공기의 소음 표준을 개발하고 있음을 기록하고 있다. 기존 경량 헬기보다 15dB 더 조용해야 하는데, 구체적으로 유사 중량의 일반 헬리콥터가 약 150m(500ft) 상공에서 85dB 정도의 소음이 발생한다면 UAM항공기는 약 70dB SEL(Sound Exposure Level) 수준이어야 함을 제시한다. '에너지 저장' 항목은 온전히 전기 배터리로만 eVTOL이 운용되어야 함을 요구한다. '스카이포트' 항목은 우버에서 여러 개의 이착륙 패드와 충전 인프라를 보유한 버티포트를 별도로 지칭하는 용어인데, 액체 탄화수소 연료의 경우, 물류 및 경제성에 문제가 있음을 기록하고 있다. 우버는 UAM 항공기가 해당 기종에서만 특화된 지상 장비를 요구할 수 없음도 명시했다. 비즈니스 특성상 버티포트 처리량을 높이려면 표준화된 시스템을 일괄 적용할 수 있어야 하기 때문일 것이다. '충전' 항목은 UAM항공기가 3시간의 연이은 비행 구간에서 7분 미만으로 충전해야 하고, 그 밖의 경우라도 충전 시간이 15분을 넘어서는 안 된다는 것을 기록하고 있다. 당시 파트너들과 급속 충전 기능(최대 600kW)을 개발하고 있음도 기록했다. '조종사' 항목은 UAM항공기가 자율비행 능력을 갖출 것으로 기대됨에도 안전을 증명할 데이터가 구축되는 초기에는 조종사가 필요함을 기록하고 있다. 이 경우 안전을 위해 조종사와 승객이 물리적으로 분리되어야 한다고 기술되어 있다.

우버는 왜 자율비행을 주요 목표로 해 UAM 사업을 추구하였을까? 앞서 언급했듯이 2016년에 백서를 공개할 당시, 우버 기사들이 개인사업자인지 편법 직원인지에 대한 분쟁이 어지고 있었고, 이로 인해 우버의 차량공유 비즈니스가 성장 한계를 노출한 배경이 있다. 우버 기사를 개인사업자가 아닌 우버에 고용된 노동자로 인정하고, 그에 걸맞게 대우하는 것을 시간문제로 보았을 것이다. 실제로 2021년 2월 19일, 영국 대법원은 우버 기사는 개인사업자가 아닌 우버에 고용된 노동자로서 대우받아야 한다고 판결한 바 있다. 임시직 경제(Gig Economy)가 성장의 한계를 맞이한 것이다. 이런 배경에서 새롭게 시작하는 UAM 상용서비스가 궁극적으로 경제성을 가지고 성장 비즈니스로 인정받기 위해서는 자율비행이 전제되어야 한다고 판단했을 것이다. 이와 관련하여 우버는 UAM 상용서비스 초기에는 승객당 '5,73달러/마일' 요금 수준으로 서비스를 시작하지만, 자율비행이 적용되면 조종사의 인건비가 없어져 '0.44 달러/마일'까지 요금이 떨어질 것으로 기대했다. 이 경우 소비자는 택시보다 저렴한 가격에 UAM 상용서비스를 이용할 수 있다.

'네트워크 통신' 항목에서는 우버가 양방향 API를 개발하고 있음을 기록하고 있다. 더불어 UAM항공기는 Class B 공역을 비행하는 데 필요한 장비를 갖춰야 하며, 정확한 비행계획을 수신하고 위치와 배터리 상태를 송신할 수 있어야 함을 요구한다. 참고로, 우리나라의 B등급 공역은 '관제 공역'인데, 항공교통관제 업무가 제공되는 공역으로 공항 공역 중 가장 높은 수준의 공역이다.

공역의 구분

관제 공역	항공기의 비행 순서·시기 및 방법 등에 관하여 국토교통부 장관 또는 항공교통 업무 증명을 받은 자의 지시를 받아야 할 필요가 있는 공역으로써 관제권 및 관제구를 포함하는 공역이다.
비관제 공역	관제 공역 외의 공역이다. 항공기의 조종사에게 비행에 관한 조언, 비행정보 등을 제공할 필요가 있는 공역이다.
통제 공역	항공교통의 안전을 위하여 항공기의 비행을 금지하거나 제한할 필요가 있는 공역이다.
주의 공역	항공기의 조종사가 비행 시 특별한 주의·경계·식별 등이 필요한 공역이다.

공역의 등급

관제 공역	A 등급	모든 항공기가 계기비행을 해야 하는 공역이다.
	B 등급	계기비행 및 시계비행 하는 항공기가 비행할 수 있고, 모든 항공기에 분리를 포함한 항공교통관제 업무가 제공되는 공역이다.
	C 등급	모든 항공기에 항공교통관제 업무가 제공되나, 시계비행을 하는 항공기 간에는 교통정보만 제공되는 공역이다.
	D 등급	모든 항공기에 항공교통관제 업무가 제공되나, 계기비행을 하는 항공기와 시계비행을 하는 항공기 및 시계비행을 하는 항공기 간에는 교통정보만 제공되는 공역이다.
	E 등급	계기비행을 하는 항공기에 항공교통관제 업무가 제공되고, 시계비행을 하는 항공기에 교통정보가 제공되는 공역이다.

비관제공역	F 등급	계기비행을 하는 항공기에 비행정보 업무와 항공교통 조언 업무가 제공되고, 시계 비행 항공기에 비행정보 업무가 제공되는 공역이다.
	G 등급	모든 항공기에 비행정보 업무만 제공되는 공역이다.

'탑재하중' 항목은 UAM항공기가 조종사와 3~4인 승객 좌석을 확보하고, 수하물을 포함하여 최대 탑재 중량이 최소 444.52kg(980파운드)이어야 함을 기록하고 있다. '지상택시' 항목은 UAM항공기가 지상에서 프로펠러나 로터를 구동하지 않고도 이동할 수 있어야 함을 요구한다. 대략 1.5m/s 속력으로 91.44m(300ft)까지 이동할 수 있어야 한다. '크기' 항목은 도심에서 스카이포트의 제한된 크기를 고려하여 로터를 포함한 UAM항공기가 차지하는 공간이 최대 15.24m(50ft)를 초과할 수 없음을 요구하고 있다. 최대 높이는 6.10m(20ft)이다.

저자의 '한대희+UAM' 채널에서 이와 관련한 원문을 확인할 수 있으니 참조하자. 우버의 미래 비전, 2016년 백서에 기록되었던 '5년 안에 자율비행 UAM항공기 개발을 완료하고 2026년에는 자율비행 UAM항공기를 배치한다!' 등의 비전은 2020년 말, 우버 엘리베이트 사업부 매각으로 중단되었다. 그러나 모호하게 난립하던 UAM 개념을 정립하고, UAM 상용화를 위해 극복해야 할 장벽을 제시한 뒤 해결하려 했던 리더십은 UAM 산업에 여전히 상당한 영향력을 행사하고 있다. 초기 UAM 산업의 리더였던 우버를 첫 번째 기업으로 소개한다.

조비 에비에이션(Joby Aviation)

2020년 12월, 글로벌 eVTOL 스타트업 조비가 대중 앞에 공식적으로 등장한다. 우버 엘리베이트 사업부를 인수한다는 뉴스를 통해서 말이다. 우리나라의 언론도 '우버가 자사의 에어택시 사업 부문인 우버 엘리베이트 사업부를 스타트업 조비에 넘기면서 7,500만 달러를 투자하기로 했다'라는 내용을 앞다퉈 보도하기도 했다.

조비는 어떤 기업인가? 조비는 과거 정보 공개에 인색한 기업이었으나 우버 엘리베이트 사업부 인수 및 뉴욕증권거래소 상장을 계기로 정보 공개에 능동적으로 변화하고 있다. 앞서 말했듯이, 조비는 2009년 조벤 베버트가 창업한 기업이다. 소수의 엔지니어와 전기모터, 비행 소프트웨어, 리튬 이온 배터리 등의 부품 설계를 시작하여 2012년 NASA의 LEAPTech(Leading Edge Asynchronous Propeller Technology) 프로젝트 및 X-57 등의 전기동력 비행 프로젝트 협력사로 선정되어 활동한다. 그리고 2015년 축소 모형기 제작과 시험비행, 2017년에는 실물 크기의 4인석급 시제기 제작 및 FAA 감항 획득 후 무인 원격조종 시험비행을 200회 이상을 연이어 수행하였다. 또한, 2018년 12월에는 도요타에게서 4,400만 달러의 초기 투자를 유치하고, 이듬해에는 5인석급(조종석 포함) 시제기 S-4를 제작하여 시험비행을 수행한다. 이와 관련하여 도요타와 S-4 시제기 양산을 위한 협업 계약을 체결하고, 12월에는 우버와 장기 파트너십까지 체결한다. 그리고 2020년 1월 15일에 사진 두 장과 간단한 제원이 전부인 S-4 시제기의 기체 정보를 일반에 공개하는데, 다음 날 도요타에게서 시리즈 C 펀딩을 통한 350만 달러의 추가 투자를 유치한다.

공개된 정보는 별로 없지만, 우버와 장기 파트너십을 맺고, 도요타에게서 선도 투자받은 eVTOL 스타트업, 나아가 우버의 UAM 사업을 인수하면서 오히려 추가 투자까지 받은 스타트업 조비다. 참고로 전문가들은 스타트업이 eVTOL 개발, 인증, 상업화에 성공하기 위해서는 최소 7억 달러의 자금이 필요할 것이라고 말한다. 조비는 2020년 기준으로 이미 7억 달러 이상의 글로벌 투자를 유치한 유일한 기업이 되었다.

조비는 2021년 7월 27일에 1회 충전으로 수직이착륙을 포함한 241km(150mile), 1시간 17분간의 시험비행을 수행하고 그 영상을 공개하였다. 수석조종사 저스틴 페인스(Justin Paines)의 조종으로 수직이륙 후 수평비행으로 전환하는 천이비행을 거쳐, 서킷을 11바퀴 비행한 것이다. 조비는 이로써 '샌프란시스코에서 타호 호수, 휴스턴에서 오스틴, LA에서 샌디에이고 등의 경로를 매일 같이 온실가스 배출 없이 편리하게 비행할 수 있는 첫 단계를 밟았다'라고 자평하였다(우리나라로 가정하면 1회 충전으로 서울에서 대구까지 시험비행한 셈이다). 이후 조비는 UAM운항자가 되기 위한 항공사 인증 절차에도 착수했다고 발표하였으며, 인증 목표는 2022년이다.

기존 항공업계는 보잉이나 에어버스와 같은 항공기 제조사와 카타르항공, 유나이티드항공 등과 같은 운항사로 분리해 왔다. 그러나 조비와 같은 주요 eVTOL 제조사는 기체 제조와 더불어 UAM운항자 서비스를 함께 준비한다. 어떤 차이 때문일까? 이와 관련하여 조비는 2021년 4월 14일 IPO Edge에서 온디맨드와 자율비행이라는 차별성이 있다고 주장했다. 그 차이로 인해 eVTOL 제조사는 UAM항공기 제조 외에도 운항자 서비스를 통해 더 높은 매출을 올릴 수 있다고 주장한 것이다. 실제로 조비는 2021년 7월에 UAM운항자가 되기 위한 FAA Part 135 항공사 인증 절차 착수를 발표했다. 이에 대해 저자는 UAM 산업이 초기 단계이기에 가능한 주장이라고 본다. UAM 산업은 기존 항공산업 대비 규모의 차이가 존재하고, 아직 자체 생태계가 형성되지 않았기에 초기 eVTOL 제조사가 우버, 동남아의 그랩(Grab), 스웨덴의 유비고, 핀란드의 윔 등과 같은 온디맨드 MaaS 플랫폼과 연계하면 상대적으로 수월하게 상용서비스까지 주도할 수 있다고 판단한 것이다. 물론, 자율비행이 실제 시행되어야 그 계획에 탄력이 붙을 것이다. 이래저래 우버의 초기 고민과 비즈니스 설계의 그림자가 짙게 느껴진다.

조비가 발표한 eVTOL S-4의 세부 사양을 소개한다.

항공기 유형	eVOT
조종사	1인
승객	4인
최고 속도	322km/h(200mph)
범위(비행가능거리)	241.4km(150miles)
프로펠러	6개의 틸트로터
모터	6개의 고성능 전기모터
전원	최첨단 배터리 팩 디자인의 리튬-니켈-코발트-망간-산화물 배터리
날개 길이	10.7m(35ft)
길이	7.3m(24ft)
중량	1,815kg(4,000lb)
창	멋진 전망을 제공하는 대형 창

동체	합성재질
착륙 장치	3개의 개폐식 바퀴
안전 기능	분산전기추진으로 여러 개의 모터 중 하나가 작동을 멈추어도 안전하게 비상 착륙이 가능하며, 예기치 않은 상황을 가정해 예비 배터리 전원이 있다.

출처: Joby S4, eVTOL News

조비는 2021년 9월, NASA에서 혁신적인 이동수단을 실증하는 중장기 프로젝트 'AAM 내셔널 캠페인(AAM National Campaign)'의 eVTOL 첫 사례로 2주간의 시험비행에 참여한 바 있다. NASA는 이 시험비행을 통해 eVTOL의 움직임과 소음 수준, 관제사와의 교신 등에 대한 정보를 수집하는데, 특히 저소음은 eVTOL이 도심에서 운항하기 위한 필수 해결 과제이다. 최근 루프트한자 테크닉(Lufthansa Technik)의 보고서는 전 세계 eVTOL 제조사 중 가장 유망한 스타트업으로 조비를 선정한 바 있다. 보고서는 글로벌 주요 스타트업의 기술력과 자금 조달 능력 등을 종합 평가하였는데, 자금 조달 능력 측면에서 조비의 독보적인 실적은 앞서 소개한 바 있다. 흥미로운 것은 기술력을 높게 평가한 것인데, 조비의 특허 포트폴리오에 '기술 관련성(Technology Relevance)'이 높다는 점에 주목하였다. 보고서는 각사의 특허 분석을 통해 기술력을 평가하였는데, 개별 특허의 '기술 관련성(Technology Relevance, 전 세계 인용)'과 '시장 범위(Market Coverage, 보호되는 시장 규모)'를 토대로 경쟁적 영향력을 수치화한 후 각사별 전체 특허 포트폴리오의 '특허 자산 지수'를 도출하였다. 여건상 각사의 특허 포트폴리오를 일일이 검색하고 분석할 수 없어 아쉽던 차에 저자에게는 '루프트한자 테크닉 보고서'가 유용하였다. 관심 있는 독자라면 미국 특허청 웹사이트에서 조비의 특허 포트폴리오를 확인해 보길 바란다.

조비의 UAM 상용서비스 개시(EIS, Entry into Service) 목표는 2024년이다. 상용서비스 개시(EIS)는 '운항사가 항공기를 획득해 유상 승객을 대상으로 서비스를 시작하는 시기'를 의미한다. 과연 조비는 eVTOL 제조를 넘어 UAM운항자로서 2024년에 UAM 상용서비스를 시작할 수 있을까? 글로벌 eVTOL 스타트업 조비를 관심 기업으로 꼽는다.

보잉(Boeing)··· 위스크 에어로(Wisk Aero)

보잉은 앞서 소개한 루프트한자 테크닉 보고서에서 '최고의 기술 리더'로 선정된 바 있다. 스타트업과 글로벌 주요기업을 분석한 결과, 보잉의 기술력이 단연 최고라고 평가한 셈이다. 실제로 보잉은 2000~2020년에 82개의 특허를 출원해 대규모 특허 포트폴리오를 구성하였고, 특허의 기술 관련성이 높아 특허 자산 지수가 1위였다. 언제든 UAM 사업을 주도할 준비가 되어 있는 것이다.

글로벌 항공기 제조사인 보잉은 다양한 채널을 통해 UAM 사업을 추진해왔다. 보잉의 UAM 사업 추진 과정을 간략하게 정리하면, 2017년 10월 미국의 무인기 전문기업 오로라 플라이트 사이언스(Aurora Flight Sciences)를 인수한다. 참고로 오로라 플라이트 사이언스는 페가수스(Pegasus) 모델을 개발 중이다. 2018년 7월에는 보잉 넥스트 사업 부문을 발족하는데, UAM 사업을 총괄하는 내부 조직을 신설한 셈이다. 다시 2019년에는 키티호크(Kitty Hawk)와 UAM 분야의 협력을 발표하고 '위스크 에어로(Wisk Aero, 이하 '위스크')'를 공동 설립하는데, 현재 코라(Cora)를 개발하고 있다. 크게 3개의 채널을 통해 UAM 사업을 추진한 것인데, 이 책에서는 위스크를 중심으로 서술한다.

위스크는 이미 eVTOL 기술력을 보유한 키티호크와 압도적인 항공기 생산 능력 및 기술력을 보유한 보잉이 만나 2019년 설립된 기업이다. 시제기 코라는 미국 캘리포니아 및 뉴질랜드에서 2인석급 eVTOL 시험비행을 수행하였다. 굳이 뉴질랜드에서 시험비행을 진행하는 이유는 시험비행의 용이성 때문이다. 미국 캘리포니아 산베니토 카운티의 홀리스터 공항에서는 약 1,500m(5,000ft) 고도 아래 일주일에 3회까지 시험비행이 허락되지만, 뉴질랜드에서는 고도를 높여 더 자주 시험비행할 수 있다. 2020년 1월을 기준으로 코라는 1,000회 이상의 시험비행 실적을 기록했다.

복합형(Lift+Cruise) eVTOL인 코라는 수직이착륙을 위해 11m(36ft) 길이의 날개에 장착된 독립적인 전기동력 프로펠러 12개와 전진비행을 위해 추력을 제공하는 한 개의 별도 프로펠러가 있는 2인석 자율비행 eVTOL이다. 위스크는 '2인석 모델을 사용하면 객실을 채우기 위해 기다릴 필요가 없다'라는 점을 강조하며

2020년 1월에 조종사 없이 운항하는 무인 자율비행 eVTOL 생산을 발표한 바 있다. 다음은 위스크가 공개한 코라의 세부 사양이다.

항공기 유형	eVOT
조종사	자율비행
승객	2인
순항 속도	180km/h(110mph)
범위(비행가능거리)	100km (62miles)
비행시간	19분
탑재하중	181kg(400lb)
동력	100% 전기동력
순항 고도	지상에서 150m~900m(500ft~3,000ft)
최대 고도	3.04km(10,000ft)
VTOL 비행	12개 프로펠러
전진비행	1개 프로펠러
주익	11m(36ft)
착륙 장치	3개의 고정식 바퀴
안전 기능	분산전기추진으로 여러 프로펠러 중 어느 프로펠러가 작동을 멈추더라도 항공기는 안전하게 착륙할 수 있다. 더불어, 비상 상황에 사용 가능한 낙하산이 있다.

출처: Wisk(Kitty Hawk) Cora, eVTOL News

위스크의 코라

출처: 위키미디어 커먼스(저작자: Wisk Aero LLC/CC BY-SA 4.0)

다양한 채널을 통해 UAM 사업을 추진해온 보잉은 2021년 3월, 위스크를 유일한 eVTOL 개발기업으로 발표하고, 오로라 플라이트 사이언스의 개발 인력을 위스크에 합류시킨다. 코로나19 팬데믹과 737MAX 사태로 인한 재정 부담이 보잉의 UAM 사업 구조조정을 불러온 측면이 있는데, 보잉 넥스트 자체 사업 부문도 2년 만에 철수했다. 관련하여 위스크는 2021년 4월에 아처 에비에이션(Archer Aviation, 이하 '아처')이 자사의 특허를 도용했다고 주장하며 특허 침해 소송을 시작한다. 보잉의 전체적인 UAM 사업 구조 조정 과정에서 임직원 다수가 이직하였는데, eVTOL 스타트업 아처로 이직한 직원 중 한 명이 '자사의 디자인 파일 수천 개를 다운로드하였다'라고 밝히며 법원에 소장을 제출한 것이다. 실제로 아처에서 공개한 eVTOL(2021년 Maker 기준)과 위스크의 코라 디자인은 주익과 연결된 12개의 프로펠러 등의 유사점을 보인다. 소송이 언제쯤 마무리될지는 알 수 없지만 어수선했던 당시의 상황은 짐작할 수 있다.

위스크는 현재 보잉의 유일한 eVTOL 기업이다. 비록 코로나19 팬데믹과 737MAX 사태를 거치며 재정적인 타격을 입었다지만, 압도적인 기술력과 항공기 생산 능력을 보유한 보잉의 유일한 eVTOL 기업이다. 보잉과 위스크가 열어갈 UAM 세계를 주시하며 관심 기업으로 소개한다.

벨 텍스트론(Bell Textron)

세계적인 헬리콥터 제조사인 미국의 벨 텍스트론은 2023년 UAM 상용서비스를 목표로 '벨 넥서스' 프로그램을 진행하고 있다. 벨 텍스트론은 세계 최초의 틸트로터 항공기인 'V-22 오스프리(V-22 Osprey)'를 개발한 기업으로, 틸트로터형은 eVTOL의 여러 유형 중 기술적 완성도를 가장 높게 평가받는다.

벨 텍스트론의 MV-22 오스프리(미국 해병대용)

프로펠러를 '기울여(tilt)' 작동할 수 있어, 헬리콥터와 터보프롭(turboprop) 항공기의 특성을 겸비하게 된 틸트로터 항공기의 탄생 배경을 살펴보자. 거슬러 올라가 1979년! 이란 주재 미국 대사관에 미국인 52명이 구금되는 사건이 발생한다. 이에 당시 미국의 카터 행정부는 육군 레인저(Ranger), 델타포스, CIA 특수활동국 등과 총 8대의 RH-53D 시스탤리언(RH-53D Sea Stallion) 헬리콥터를 동원해 자국민 구출 작전을 펼친다. 그러나 손 한 번 써 보지 못하고 작전은 실패로 돌아간다. 이 사건을 계기로 미군은 특수 작전을 수행하기 위해서는 '수직이착륙이 가능하고 다수의 전투 병력을 탑승시킬 수 있으며, 고속으로 비행이 가능한 새로운 항공기'가 필요하다는 결론을 내린다. 이렇게 탄생한 항공기가 장거리 침투가 가능하면서 수직이착륙 능력을 보유한 '틸트로터 군용기'이다. 그리고 이 사업에 참여한 기업이 바로 보잉과 벨 헬리콥터이다. 양사는 개발 분야를 분장하였는데, 벨은 '날개, 엔진실, 로터, 구동체계, 미익, 측면 개폐

문, 롤스로이스 엔진' 등의 생산과 개발을 맡았다. 이후 개발 사업은 예산 부족과 안전사고 등의 우여곡절을 겪으며 2007년이 되어서야 'V-22 오스프리'가 실전 투입된다. 무려 20년 이상이 소요된 것이다. 이러한 과정을 거쳐 탄생한 틸트로터는 현재 eVTOL의 여러 유형 중 가장 높은 완성도를 보이는 것으로 평가받고 있다.

벨 텍스트론은 높은 기술력을 바탕으로 CES 2019에서 '넥서스 6HX'를, CES 2020에서 '넥서스 4EX'를 선보였는데, 넥서스 4EX는 무게 3,175kg, 운용 거리 97km(하이브리드 버전은 241km), 순항 속도 241km로 비행할 수 있으며 4개의 덕트팬(Ducted Fan)을 적용했다. 참고로 모델명에 붙는 E는 전기(Electric), X는 시험과 경험(Experimental)을 뜻하며, 4EX이면 4개의 덕트팬을 가지고 있다는 의미이다. 다음은 넥서스 4EX의 사양이다.

항공기 유형	eVTOL 혹은 하이브리드 전기 eVTOL
조종사	자율비행이 가능할 때까지 조종사 1인
수용 인원	수하물이 있는 승객 4인과 조종사 1인
순항 속도	241km/h(150mph)
범위(비행 가능 거리)	97km(60miles)
하이브리드 전기 범위	241km(150miles) 이상
항공기 중량	3,175kg(7,000lb)
프로펠러	덕트팬 4개
추진	4개의 전기모터
동력	(구매자 요구 사항에 따라) 배터리 혹은 다른 동력
크기	12.2×12.2m(40×40fit)
동체	합성재질
창	멋진 전망을 제공하는 대형 창
날개 유형	후방에 높은 날개 1개
꼬리	수직 방향타, 수평 날개 없음

착륙 장치	3개의 바퀴
안전 기능	분산전기추진으로 1개 또는 2개의 모터/프로펠러가 작동을 멈추더라도 작동 중인 다른 모터/프로펠러가 항공기를 안전하게 착륙시킬 수 있다.

출처: Bell Nexus 4EX, eVTOL News

벨 텍스트론은 세계 최초 틸트로터 항공기를 개발했을 뿐 아니라 VTOL 분야에서 80년이 넘는 경험을 보유한 기업이다. 그래서 eVTOL의 가능성과 기대를 넘어 양산 단계에 필요한 조건변수까지 면밀히 파악하고 있을 것으로 추정된다. 벨 텍스트론이 시제기의 구체적인 시험비행 자료를 공개하지 않더라도 주시하는 이유이며, 독자들에게 관심 기업으로 소개한다.

키티호크(Kitty Hawk)

키티호크는 구글의 공동창업자인 래리 페이지(Larry Page)의 지원을 받아 2010년 창업 후 플라이어(Flyer)를 개발하고, 지 에어로(Zee Aero) 인수, 보잉과 위스크 공동 설립을 진행한 바 있는 기업이다. 사명은 1903년 12월 라이트 형제가 최초의 유인 동력비행에 성공한 미국의 노스캐롤라이나 키티호크 지역명을 따왔으며, 최근에는 독자적인 eVTOL '헤비사이드(Heaviside)'를 개발 중이다.

헤비사이드는 2019년 10월에 키티호크가 2년간 비밀리에 개발해오고 있다고 밝힌 eVTOL인데, 흥미로운 것은 헤비사이드가 독학으로 영어를 배운 전기 엔지니어이자 수학자, 물리학자인 '올리버 헤비사이드(Oliver Heaviside)'의 이름을 따서 명명되었다는 점이다. 헤비사이드는 단일 좌석이라는 점이 눈에 띄는데, 구글 출신들의 영향인지 키티호크가 자율비행을 추구한다지만 1인석의 허전함이 크게 다가온다. 키티호크의 CEO 세바스찬 스룬(Sebastian Thrun)은 인공지능 분야의 전문가이자 구글의 부사장 출신으로 구글의 자율주행차 개발을 주도한 인물이다. 헤비사이드 설계의 핵심은 안전, 중복성, 저소음, 저렴한 사용자 비용, 어디에나 이착륙 가능, 고속비행 및 무인비행 등이다. 그리고 키티호크는 소음 수준이 헬리콥터 대비 100배 더 조용하고, 헬리콥터보다 빠르며, 무게는 유명한 세스나 항공기의 약 1/3 수준이라고 소개한다. 소음 수준이 중요한데, 457m 상공에서 헬리콥터가 약 80dBA를 방출하는 반면 헤비사이드는 약 38dBA의 소음을 방출한다고 홍보한다. 헤비사이드의 세부 사양을 소개한다.

항공기 유형	eVTOL. 틸트로터 항공기
조종사	수동 또는 자율
수용 인원	1인
순항 속도	354km/h(220mph)
범위(비행가능거리)	160km(100miles)
프로펠러	8개(주익에 6개, 앞쪽 작은 날개에 2개)
전기모터	최소 8개의 전기모터
동력	배터리, 100% 전기동력
소음	457m(1,500ft) 상공에서 38dB
동체	합성재질
날개 구성	3개(후방에 수평안정판과 방향타, 전방으로 휘어진 주익과 작은 앞날개)
주익	날개 뒤쪽에 6개의 프로펠러 장착

앞날개	2개의 프로펠러가 있는 작은 앞날개, 날개의 후면에 프로펠러 장착
착륙 장치 구성	고정식 전면 2개와 항공기 후면의 꼬리 미끄럼 방지 장치
안전 기능	분산전기추진으로 1개 또는 2개의 모터/프로펠러가 작동을 멈추더라도 작동 중인 다른 모터/프로펠러가 항공기를 안전하게 착륙시킬 수 있다.

출처: Kitty Hawk Heaviside, eVTOL News

헤비사이드는 시제기를 넘어 인증 대상 eVTOL이다. 향후 자율비행이 구현된다고 해도 총 수용 인원이 1인이라는 점은 대중교통 수단이라기보다 개인용 항공기나 레저용 목적을 연상하게 한다. 이와 관련하여 2021년 6월, 키티호크는 헤비사이드의 차기 eVTOL의 크기와 중량을 대폭 늘린 2인석으로 개발하겠다고 밝혔다. 다수의 시제기를 제작하고 700회 이상의 시험비행을 거쳐 eVTOL 개발을 지속해온 키티호크를 관심 기업으로 소개한다.

아처 에비에이션(Archer Aviation)

아처는 코로나19 팬데믹 와중인 2020년 5월에 창업과 동시에 도약의 기반을 마련한 eVTOL 스타트업이다. 코로나19로 항공업계에 구조 조정이 발생하자 실력 있는 엔지니어를 영입하고, 2021년 9월에는 뉴욕증권거래소에 스팩 상장까지 한 것이다. 아처는 동종 스타트업과는 차별화한 성장 스토리를 만들어가고 있는데, 창업자인 브렛 애드콕(Brett Adcock)과 아담 골드스테인(Adam Goldstein) 모두 금융계 경력이 있다는 점 때문이 아닐까 한다.

아처는 2인석으로 실물 크기 대비 80% 수준의 시제기와 상용화 대상인 5인석(자료에 따라 4인석이라고도 한다) eVTOL 정보를 각각 공개하고 있다. 2인석은 5인석의 개발 및 인증을 위해 다소 작게 만든 시제기로 보이는데, 편의상 시제기를 '2인석', 상용화 대상을 '5인석'으로 호칭하겠다. 2인석은 복합형(Lift+Cruise)과 틸트로터형의 혼합형이다. 총 12개의 프로펠러가 있으며 이 중 6개는 틸트로터 프로펠러(각 5개의 블레이드 장착)이고, 6개는 고정 프로펠러(각 2개의 블레이드 장착)이다. 2인석의 세부 사양을 소개한다.

항공기 유형	eVTOL. 80% 규모 시제기
조종사	향후 자율비행이 가능할 때까지 조종사 1인
수용 인원	2인
순항 속도	241km/h(150mph)
범위(비행가능거리)	96km(60miles)
순항 고도	609m(2,000ft)
프로펠러	12개(틸트로터형 6개, 고정형 6개)
전기모터	12개
소음	609m(2,000ft) 상공에서 순항할 때 45dB
전원	배터리(6개의 독립 배터리 팩)
중량	1,497kg(3,300lb)
창	멋진 전망을 제공하는 파노라마 창
날개	12.2m(40ft)의 높은 날개
꼬리	V자형
착륙 장치	3개의 고정식 바퀴
안전 기능	분산전기추진으로 1개 또는 2개의 모터/프로펠러가 작동을 멈추더라도 작동 중인 다른 모터/프로펠러가 항공기를 안전하게 착륙시킬 수 있다.

출처: Archer Maker, eVTOL News

5인석의 세부 사양은 다음과 같다. 비전이나 목표 대비 공개된 정보가 부족한 느낌이다.

항공기 유형	eVTOL
조종사	향후 자율비행이 가능할 때까지 조종사 1인
수용 인원	승객 4인, 조종사 1인
순항 속도	241km/h(150mph)
범위(비행가능거리)	nearly 100km(60miles)
프로펠러	12개(5개씩의 블레이드가 부착된 틸트로터형 6개, 2개씩의 블레이드가 부착된 고정형 6개)
순항 고도	610m(2,000ft)
전기모터	12개
전원	배터리
소음	45dB
최대 이륙중량	3,175kg(7,000lb)
창	멋진 전망을 제공하는 파노라마 창
날개	높은 날개
꼬리	V자형
안전 기능	분산전기추진으로 1개 또는 2개의 모터/프로펠러가 작동을 멈추더라도 작동 중인 다른 모터/프로펠러가 항공기를 안전하게 착륙시킬 수 있다.

출처: Archer(Unnamed Five Seat eVTOL), eVTOL News

2021년 2월, 유나이티드항공은 아처의 eVTOL을 10억 달러 규모로 주문하면서 아처의 FAA 인증과 운용 및 유지에 관한 전략적 가이드, 공역 관리 전문성을 지원하겠다고 밝혔다. 아처로서는 단순 거래를 넘어 강력한 우군을 확보한 것인데, 2024년부터 eVTOL 납품이 이루어질 예정이다. 이 때문인지 아처의 인증 목표 시기 또한 2024년이다. 2021년에 2인석 시제기로 시험비행한 후

2024년에 5인석의 감항당국 인증 및 생산까지 이루어내겠다는 목표이다. 나아가 2024년에 미국 로스앤젤레스와 마이애미에서 상용서비스를 개시하겠다는 목표까지 밝힌 바 있다. 로스앤젤레스는 유나이티드항공의 주요 허브 중 하나이다.

2021년 6월에 공개한 아처의 비전을 담은 '메이커 미션(Maker mission)'에 따르면, 아처는 착륙 후 5분간 승객이 내리고, 10분간 급속 충전하며, 5분간 승객이 탑승하여 9분간 비행하는 순서의 기체 운영 방식을 계획하고 있다. 1회 비행(정상 비행일 경우 32~64km)마다 10분의 급속 충전으로 완전 충전을 하고, 하루 평균 40회의 비행을 소화한다는 것이다. 동종 스타트업과는 다른 성장 스토리를 만들어가고 있는 아처! 2024년을 주시하며 관심 기업으로 소개한다.

릴리움(Lilium)

릴리움은 2015년 창업한 독일 뮌헨 소재 eVTOL 스타트업이다. 2015년 1/5 서브스케일 '드래곤(Dragon)', 1/2 서브스케일 '팰콘(Falcon)', 2017년 2인석 '이글(Eagle)', 2019년 5인석 '피닉스(Phoenix)'를 거쳐, 2021년 3월에는 7인석 '릴리움 제트(Lilium Jet)'를 개발했으며, 2021년 9월에는 스팩 상장으로 나스닥에 입성했다.

흥미로운 점은 첫 시제기로 알려진 드래곤을 3D 프린팅으로 제작한 것이다. 3D 프린팅으로 축소 모형기를 제작하면 시제기 제작 시간을 절감하여 빠르게 시험비행할 수 있다고 한다. 또한, 2019

년 5월에는 5인석 피닉스의 수직이륙, 호버링(Hovering), 수직착륙 등 초도비행에 성공했음을 발표한다. 호버링은 항공기가 일정한 고도를 유지한 채 움직이지 않는 '제자리비행'을 말한다. 그리고 2020년 7월 릴리움은 버티포트의 설계 개념을 공개하는데, 표준화된 모듈러 디자인 방식으로 다양한 규모의 버티포트 구축이 가능하다는 장점이 있다. 릴리움이 공개한 이 버티포트는 규모와 관계없이 세 가지의 공통 구성 요소가 있다. 이륙장(take-off area), 주기장(parking stand), 터미널(terminal)이 그것인데, 관련하여 릴리움은 2020년 11월 미국 플로리다주 올랜도의 노나 호수 인근에 2025년까지 버티포트를 구축하겠다는 계획을 발표하였다. 노나 호수는 올랜도국제공항 남동쪽 올랜도시 경계 내에 있는 신도시로, 반경 300km 안에 2,000만 명이 거주하고 있다. 이곳에 버티포트인 '릴리패드'를 구축해 비행거리 300km(186mile) 반경 내의 플로리다 전역에 RAM(Regional Air Mobility) 서비스를 시행하겠다는 계획이다. 2020년 12월에는 루프트한자 계열사인 '루프트한자 항공훈련(Lufthansa Aviation Training)'과 릴리움 제트(Lilium Jet) 기종의 '조종사 양성을 위한 프로그램 공동 개발' 파트너십을 체결한다. 릴리움과 루프트한자 항공훈련은 FAA, EASA 등 감항당국의 인증에도 공동 협력하기로 하였다.

릴리움 제트의 특이점은 카나드 디자인이라는 점이다. 카나드와 주익의 뒷면에 전기모터로 구동되는 덕트팬을 장착하고, 전기식작동기(EMA)로 구동하는 방식이다. 수직이착륙 시 덕트팬을 기울여 수직 추력을 발생시킨다. 공개된 5인석 릴리움 제트의 세부 사양을 소개한다.

항공기 유형	eVTOL
조종사	향후 자율비행이 가능할 때까지 조종사 1인
수용 인원	자율비행 시 승객 5인
순항 속도	300km/h(186mph)
범위(비행가능거리)	300km(186miles)
최대 비행시간	60분
프로펠러	덕트팬 36개
전기모터	36개
전원	배터리
날개 구성	카나드
동체	합성재질
창	멋진 전망을 제공하는 돔형 창
착륙 장치	3개의 개폐식 바퀴
소음	이륙 시 헬리콥터보다 6~7배 조용함
항공기 인증	고정익
릴리움 버티포트명	릴리패드
안전 기능	분산전기추진으로 1개 또는 2개의 모터/덕트팬이 작동을 멈추더라도 작동 중인 다른 모터/덕트팬이 항공기를 안전하게 착륙시킬 수 있다. 낙하산 구비.

출처: Lilium Jet, eVTOL News

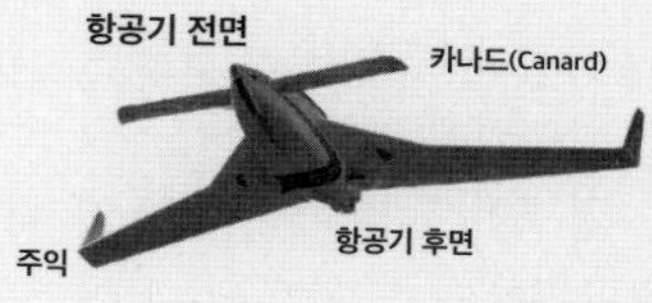

카나드는 프랑스어로 '오리'를 뜻하며, 항공기의 주익 앞쪽에 붙은 작은 날개를 말한다. 카나드를 달고 유럽 최초로 동력비행에 성공한 항공기는 14-Bis 항공기이다. 거대한 오리처럼 생겨서 붙은 이름이라는 설이 있다.

2021년 3월에 공개된 7인석 릴리움 제트의 세부 사양은 다음과 같다.

항공기 유형	eVTOL
조종사	1인
수용 인원	승객 6인
순항 속도	280km/h(175mph)
순항 고도	3,000m(10,000ft)
최대 범위(최대 비행가능거리)	예비 주행 포함 250km 이상(155miles 이상)
프로펠러	덕트팬 36개
전기모터	36개
전원	배터리
동체	탄소 섬유 합성재질
창	멋진 전망을 제공하는 넓은 창
날개	카나드 및 에일러론이 있는 후방 높은 주익. 덕트팬은 카나드에 12개, 후방 주익에 24개가 각각 뒷면에 부착되어 있다.
착륙 장치	3개의 고정식 바퀴
소음	이륙 시 헬리콥터보다 6~7배 조용하다.
항공기 인증	고정익
릴리움 버티포트명	릴리패드
안전 기능	분산전기추진으로 1개 또는 2개의 모터/덕트팬이 작동을 멈추더라도 작동 중인 다른 모터/덕트팬이 항공기를 안전하게 착륙시킬 수 있다.

출처: Lilium Jet, eVTOL News

릴리움은 2021년 4월, 독일 뮌헨공항 및 뉘른베르크공항과 '지역 항공 모빌리티 네트워크' 구축을 위한 파트너십을 체결하였다. 공항셔틀 서비스 등을 준비하는 것으로 보이는데, 앞에서 소개했듯 릴리움은 미국 플로리다주 올랜도시와 버티포트 구축 계획을 이미 발표한 바 있다. 2021년 8월에는 브라질 항공사 아줄(Azul)과 릴리움 제트 220대 판매 계약을 위한 전략적 제휴에 돌입하였다. 아줄은 릴리움 제트의 브라질 내 규제 인허가 및 인증도 지원할 계획이다.

2021년 9월에 릴리움은 릴리움 제트의 시험비행 영상을 공개하며(실제 비행일은 2021년 8월 10일) '5세대 시제기'로 비행하였다고 밝혔다. 독자의 혼동을 우려해 세대 표현은 생략하였으나, 릴리움 시제기에 한해 잠시 세대를 구분해 소개한다. 2015년 '드래곤'은 1세대, '팰콘'은 2세대, 2017년 '이글'은 3세대, 2019년 '피닉스'는 4세대이다. 그런데 사실 2020년 초 피닉스 한 대가 배터리 화재로 전소된 사고가 있었다. 이 사고와 관련해 언론에서는 4세대 피닉스의 몇 가지 문제점을 지적한 바 있는데, 가령 '36개의 덕트팬을 구동하여 이륙하기 위해서는 1.2MW의 전력이 필요했다'라는 전 직원들의 인터뷰를 담고 있다. 기본적으로 전력 소모가 많은 구조라는 지적이다. 참고로, '피닉스'를 포함한 릴리움 제트는 덕트팬이 기울어(Tilt)지며 해당 추력을 발생시킨다. 더불어 언론은 '릴리움이 대략 300km(186mile)를 비행할 수 있다고 공언해왔음에도 자체 시험비행은 고작 20여 회 진행되었고, 그나마도 몇 분 이상 지속하지 않았다'라는 전 직원의 인터뷰 내용을 기사에 담았다. 민감한 내부 이슈를 공개 지적하고 이를 해결할 의지와 능력이 있는지 물음표를 던진 것이다. 이와 관련해 릴리움은 설득력 있는 답변을 제시하지 못하다가 2021년 여름에 배터리와 소음 관련 업데이트를 거쳐 시험비행을 재개한다. 이렇게 공개한 영상이 2021년 9월에 등록한 'Flight tests with our 5th Generation Demonstrator'이다.

영상에서 선보인 릴리움 제트가 업데이트를 거친 4세대 피닉스인지, 기술적 이슈를 모두 해결하고 새롭게 개발한 5세대 시제기인지는 단정할 수는 없지만, 안정적인 비행을 보여주었다. 다만, 시험비행 시간이 그다지 길어 보이지 않은 점은 여전한 아쉬움으로 남는다. 관심 있는 독자라면 릴리움 유튜브 채널을 방문하여 해당 영상을 직접 확인하기 바란다.

루프트한자 테크닉 보고서에 의하면, 릴리움은 2020년까지 조비에 이어 두 번째로 많은 투자를 유치한 eVTOL 스타트업이다. 그리고, 앞서 언급한 바와 같이 2021년 9월에는 나스닥에 스팩 상장하기도 하였다. 그러나 위 보고서에서는 릴리움의 기술특허 보유 현황에 대한 아픈 지적, 가령 '릴리움은 두 번째로 많은 투자를 유치하였음에도 상위 20개사 중 기술특허 보유 현황이 최하위이다'라는 지적이 담겨 있었다. 릴리움의 UAM 상용서비스 개시(EIS) 목표는 2024년이다. 일부의 우려를 털어내고 제조를 넘어 UAM운항자로서 2024년에 보란 듯이 날아오를 수 있을지 관심 있게 지켜보며, 릴리움을 관심 기업으로 소개한다.

볼로콥터(Volocopter)

볼로콥터는 2011년에 창업한 글로벌 eVTOL 스타트업으로 멀티로터형 eVTOL인 '볼로시티', 100km 비행이 가능한 '볼로커넥트(Voloconnect)', 200kg의 화물을 운반할 수 있는 '볼로드론(VoloDrone)'까지 다양한 UAM항공기를 개발하고 있다.

볼로콥터의 볼로시티

출처: 위키미디어 커먼스(저작자: Alexander Migl/CC BY-SA 4.0)

볼로콥터는 상용화를 위한 인증 진도가 빠른 기업 중 하나로, EASA로부터 설계조직승인과 설계검증보고서까지 획득한 기업이다. 2021년 6월 'VC200-2'로 설계검증보고서를 획득하였으며, 2021년 7월에는 복합재 항공기 제조사인 DG 플로크초이크바우(DG Flugzeugbau)를 인수하며 생산조직승인(POA)을 획득한다. 생산조직승인을 보유한 DG 플로크초이크바우를 인수하면서 자격을 승계한 측면이 있지만, 볼로콥터는 EASA로부터 설계조직승인과 생산조직승인을 모두 획득한 최초의 eVTOL 제조기업이다. 그리고 2020년 2월, 볼로콥터는 아시아 최대의 차량공유 플랫폼 기업인 '그랩'과 MOU(Memorandum Of Understanding, 양해각서)를 체결하였다. 양사가 동남아의 UAM 적합 도시 선정 및 이동 경로 탐색을 위해 협력하기로 한 것인데, 이후 UAM 상용서비스가 시작될 경우 높은 시너지효과가 기대된다. 2020년 10월에는 독일의 비영리 항공응급구조기관인 ADAC Luftrettung이 볼로시티를 항공구조 임무에 투입할 수 있는지를 연구하여 〈Multicopter in the rescue service〉 보고서를 발간하기도 했다. 이후 ADAC Luftrettung는 볼로시티 2대를 예약하고, 2023년 운용시험을 준비하고 있다.

2020년 12월, 볼로콥터는 2023년 싱가포르에서 UAM 상용서비스를 시작한다고 발표한다. 이를 위해 볼로콥터는 싱가포르 경제개발위원회와 싱가포르 교통부, 싱가포르 감항당국인 CAAS와 협력한다. 초기 서비스는 싱가포르 마리나 베이 등지의 관광 위주이며 50명 규모의 조종사, 엔지니어, 운용전문가 등을 충원할 계획이다. 볼로콥터는 이미 2019년에 마리나 베이 인근에서 시험비행을 완료한 바 있다. 같은 해 12월에는 FAA에 볼로시티의 '동시 형식증명(Type Certificate) 검증'을 신청하였다. 형식증명은 '항공기의 형식마다 강도·구조·성능이 정해진 기준에 부합하는지, 또 정해진 기준대로 설계·제조되어 있는지를 행정당국이 조사하여 발부하는 설계 적합성 증명서'인데, 볼로콥터는 당시 EASA에도 형식증명을 신청하고 그 과정을 진행 중이었다. 유럽과 아시아뿐 아니라 미국

시장에 진출하기 위해 까다로운 인증과정을 하나하나 진행하고 있던 것이다. 볼로시티의 세부 사양은 다음과 같다.

항공기 유형	eVTOL 멀티콥터
조종사	1인
수용 인원	수화물이 있는 승객 1인(미래자율모드에서는 무인으로 수화물이 있는 승객 2인)
인증 목표	EASA SC-VTOL
순항 속도	~90km/h(~56mph)
최고 속도	110km/h(68mph)
범위(비행가능거리)	35~65km(22~40m)
최대 이륙중량	900kg(1,984lb)
최대 탑재하중	200kg(441lb)
자체 중량	700kg(1,543lb)
로터	18개
전기모터	18 BLDC 전기모터
전원	리튬 이온 배터리 팩
배터리 시스템	교체 가능한 충전식 배터리 팩
배터리 교체 시간	5분
동체	탄소 섬유 합성재질
전체 높이	2.5m(8ft, 2in)
로터를 포함한 로터 테두리의 직경	11.3m(37ft)
로터를 제외한 로터 테두리의 직경	9.3m(30ft, 6in)
단일 로터의 직경	2.3m(7ft, 6in)
소음	75m(246ft)에서 65dB(A)
창	멋진 전망을 제공하는 창
안전 기능	분산전기추진으로 1개 또는 2개의 모터나 로터가 작동을 멈추더라도 작동 중인 다른 모터나 로터가 항공기를 안전하게 착륙시킬 수 있다. 로터는 안전하게 기체 위에 있다.

출처: Volocopter VoloCity, eVTOL News

눈에 띄는 것은 볼로시티가 조종사를 포함하여 2인석이고, '교체식 배터리' 방식이라는 점이다. 좌석수는 eVTOL의 디자인이나 경제성 측면에서 매우 중요한 항목인데, 일반적으로 많은 좌석을 확보하면 더 많은 유료 승객의 수송이 가능해져 운영비용 분산을 기대할 수 있는 반면, 탑재하중이 높아져 더 많은 전력을 필요로 하고 이착륙 시 높은 소음 발생으로 이어질 우려가 있다. 2인석 볼로시티는 NASA의 2016년 연구 논문(Silicon Valley as an Early Adopter for On-Demand Civil VTOL Operations)을 근거로 160km 미만 도로 여행객의 70%가 혼자 여행하며, 평균 하중 계수는 1.3명이어서 자율비행 시 2인석으로도 UAM 운영에 문제가 없을 것으로 전망했다. 그리고 오히려 좌석수가 많으면 운항 일정을 최적화해도 대기 시간이 발생하여 UAM의 시간 절감이라는 큰 장점이 훼손될 거라고 지적한다. 택시 합승을 해 본 독자라면 동의 여부를 떠나 볼로콥터의 주장을 이해할 수 있을 것이다.

현재까지 발표된 볼로시티의 비행가능거리는 대략 35km인데, 실제 뉴욕이나 파리, 런던, 도쿄, 상하이, 베이징, 상파울루, 뭄바이 등의 도심 넓이는 도시 중심부에서 30km 미만이다(서울의 경우 횡단 거리는 37km, 종단 거리는 31km이다). 향후 배터리 에너지의 밀도가 400Wh/kg로 올라간다면 비행가능거리도 65km까지 확장될 수 있는데, 빠르면 2024년 전후에 상용화될 전망이다. 주목할 점은 볼로시티의 배터리 시스템이 '교체식 배터리(Battery swap)' 방식이라는 점인데, 최적의 충전 조건과 결합하면 배터리 수명을 개선하여 배터리 비용 절감 효과를 기대할 수 있다.

2021년 7월, 볼로콥터는 캐나다의 시뮬레이션 및 교육서비스 전문기업인 CAE InC.와 eVTOL 조종사 훈련 프로그램 개발을 위한 전략적 파트너십을 체결하였다. 이를 통해 eVTOL 운용을 위한 조종사의 훈련 프로그램 개발, 인증, 배치 등을 준비하는 것인데, CAE에서 발표한 자료에 따르면 2028년까지 6만 명의 UAM 조종사가 필요할 전망이다. 볼로콥터는 UAM 상용화를 앞두고 eVTOL 조종사의 훈련 프로그램을 준비하고 있다.

볼로콥터는 중국의 지리 그룹과 2024년경 중국에 볼로시티를 도입할 계획이라 밝힌 바 있다. 앞서 소개했듯이 지리 그룹은 미국의 플라잉카 제조업체 테라퓨지아를 인수한 다국적 완성차기업이다. 나아가 볼로콥터는 2021년 9월 지리 그룹의 계열사인 에어로푸지아와 중국 청두에 합작법인 설립까지 발표했다. 청두는 중국 쓰촨성의 중심지이자 지리 그룹의 핵심 제조 시설이 자리한 곳이다. 중국 합작법인 설립을 통해 eVTOL의 대량생산 거점을 마련한 것으로 보인다. 볼로시티는 우리나라에서도 시험비행한 적이 있다. 김포공항 터미널 격납고에서 조종사 1명이 탑승한 가운데 시속 48km, 고도 50m를 유지한 채 김포공항 주변 3km를 선회한 뒤 김포공항 격납고로 되돌아오는 방식으로 수직이착륙 및 안정적인 비행을 선보였다. 이쯤에서 볼로콥터가 장거리용 eVTOL로 개발 중인 '볼로커넥트'의 세부 사양을 소개한다.

항공기 유형	eVTOL
조종사	자율비행
수용 인원	승객 4인
순항 속도	180km/h(110mph)
최고 속도	250km/h(155mph)
범위(비행가능거리)	100km(60m)
비행시간	미공개
프로펠러	수직이착륙용 6개, 전진비행을 위한 2개의 덕트팬
전기모터	8개 이상
전원	교환 기능이 있는 배터리
탑재하중	300~400kg (660~880lb)
동체	탄소 섬유 합성재질
창	멋진 전망을 제공하는 대형 창
착륙 장치	3개의 개폐식 바퀴
안전 기능	분산전기추진으로 모터/프로펠러가 작동을 멈추더라도 안전하게 착륙할 수 있다. 필요할 경우 일반 고정익 항공기처럼 착륙이 가능하다.

출처: Volocopter VoloCity, eVTOL News

볼로커넥트의 실제 상용서비스는 2026년 이후에나 가능할 전망인데, 도심 내 이동은 볼로시티, 이외 장거리 이동에는 볼로커넥트가 활용될 것으로 보인다.

볼로콥터는 2021년 3월에 백서 2.0(THE ROADMAP to scalable urban air mobility White paper 2.0)을 공개하였는데, 향후 2~3년 이내에 볼로콥터가 구축할 UAM 생태계의 단계와 도전, 극복 방안을 소개하고 있다. 2019년에도 백서 1.0(PIONEERING THE URBAN AIR TAXI REVOLUTION White paper 1.0)을 공개한 바 있는데, UAM 산업에 관심 있는 독자라면 볼로콥터의 홈페이지에 방문해 각각의 백서를 확인해 보길 바란다. 까다로운 인증은 물론 1,000회 이상의 시험비행으로 데이터를 축적하고 있는 볼로콥터를 관심 기업으로 소개한다.

에어버스(Airbus)

'에어버스 SE(Airbus SE, 이하 '에어버스')'는 유럽의 대표적인 항공기 제조사로, 'SE'는 Societas Europaea로 'EU 기업' 정도의 의미이다. 에어버스는 1970년 에어버스 인더스트리아(Airbus Industrie)라는 이름으로 설립해 2001년에 현재의 사명으로 바꾸었다. 에어버스의 UAM 추진 과정을 요약하면, 직접 투자로 시티에어버스(CityAirbus) 프로젝트를, 간접 투자로 A-큐브드(A-Cubed)의 바하나(Vahana)를 진행해오다가 2019년 말 바하나를 중단하고, 현재는 시티 에어버스 프로젝트만 유지하고 있다.

에어버스의 시티에어버스

출처: 위키미디어 커먼스(저작자: Airbus Helicopters, Patrick Heinz/CC BY-SA 4.0)

시티에어버스의 기본 개념은 에어버스의 주요 자회사인 '에어버스 헬리콥터 SAS'에서 시작되었는데, 이미 2015년에 타당성 조사를 통해 eVTOL 개발을 명확히 한 바 있다. 이후 항공기 개발 및 인증, 수직비행 및 전력 시스템 등으로 구분하여 개발하다가 2018년에 들어 에어버스 어반 모빌리티(Airbus Urban Mobility) 부서로 이전했다.

2021년 9월 '시티에어버스 넥스트젠(CityAirbus NextGen)'을 발표하였는데, 세부 사양은 다음과 같다.

항공기 유형	eVTOL
조종사	자율비행이 가능할 때까지 조종사 1인
수용 인원	승객 4인

순항 속도	120km/h(75mph)
범위(비행가능거리)	80km(50miles)
최대 탑재하중	미공개
프로펠러	8개(각 프로펠러에 4개의 블레이드 부착)
전기모터	8개
전원	배터리
소음	비행 중 65dB 미만, 착륙 시 70dB 미만
동체	탄소 섬유 합성재질
창	전방 및 좌우, 상단 가시성을 제공하는 파노라마 랩
날개	1개의 높은 날개
꼬리	상단 주위에 수평안정판이 있는 V자형
착륙 장치	4개의 착륙 버팀대
안전 기능	분산전기추진으로 1개 또는 2개의 모터/프로펠러가 작동을 멈추더라도 작동 중인 다른 모터/프로펠러가 항공기를 안전하게 착륙시킬 수 있다.

출처: Airbus Urban Mobility CityAirbus NextGen, eVTOL News

시티에어버스 넥스트젠은 마치 배트맨이 날아다니는 것 같은 모습이 연상되는 미래 지향적인 디자인으로, 날개 앞부분에 2개, 날개 뒤쪽 가장자리에 4개, V자형 꼬리 상단에 2개의 프로펠러가 있고, 프로펠러마다 4개씩의 블레이드가 부착되어 있다. 에어버스는 시티에어버스 넥스트젠이 EASA의 높은 인증기준을 충족한다고 발표한 바 있으며, 그간의 연구와 항공기 인증 관련 경험, 제품 포트폴리오 전반에 걸친 소음 억제 기술이 반영되어 있다. 또한, 시티에어버스 넥스트젠을 설계하며 복잡성을 줄여 안정성을 높이고, 제조 비용 및 유지보수 비용을 줄이며, 나아가 eVTOL의 서비스 수명을 연장하는데 주안점을 두었다고 한다. 복잡성을 줄이면 무게가 줄고 이동거리는 늘어날 수 있다는 것이다. 현재 시티에어버스는 세부 설계 단계에 있으며 2023년 첫 비행을 계획하고 있다.

어떤 설명이 더 필요하겠는가? 유럽의 대표적인 항공기 제조사로 2021년에 시티에어버스 넥스트젠을 발표하며 2023년 첫 비행을 앞둔 에어버스를 관심 기업으로 소개한다.

버티컬 에어로스페이스(Vertical Aerospace)

버티컬 에어로스페이스는 2016년에 '항공, 에너지, 자동차 관련 최고의 기술로 항공 분야를 탈탄소화한다!'라는 거대 비전으로 스테븐 피츠패트릭(Stephen Fitzpatrick)이 창업한 스타트업이다. 2019년에 70명의 직원 중 약 20여 명이 엔지니어 및 기술 전문가라고 밝힌 바 있고, 2021년 3월에는 총 120명의 직원이 근무하고 있다고 발표했다.

영국 브리스틀에 기반을 둔 버티컬 에어로스페이스는 2018년 9월에 영국 최초로 완전 eVTOL 시험비행에 성공하고, 2019년 10월에는 세계 최초로 '250kg(550lb)을 운반할 수 있는 전기동력 UAM항공기'를 제작하여 시험비행했다고 발표하기도 하였다. '세라프(Seraph, 이후 VA-X2로 이름 변경)'라는 이름의 시제기는 2019년 8월 영국 웨일스의 비행장에서 첫 비행에 성공했다. 또한, 2020년 8월에 공개한 새로운 모델 VA-X4는 조종사를 포함해 총 5명이 탑승할 수 있고 순항 속도 241km/h, 항속 거리는 161km이다.

버티컬 에어로스페이스의 POC

출처: 위키미디어 커먼스(저작자: Vertical Aerospace/CC BY-SA 4.0)

버티컬 에어로스페이스의 세라프

출처: 위키미디어 커먼스(저작자: Verity.richardson/CC BY-SA 4.0)

버티컬 에어로스페이스의 VA-X4

출처: 위키미디어 커먼스(저작자: EthanTanner95/CC BY-SA 4.0)

VA-X4는 측면으로 승하차가 가능하도록 설계되었고, 좌석에 별도의 수하물 공간이 있다고 한다. 스마트폰이나 노트북을 충전할 수 있도록 USB 포트가 준비되어 있으며 상단 화면으로 비행 상태 정보를 제공한다. 다수 자료를 종합할 때 VA-X4는 이미 제조가 시작된 것으로 보이는데, 세부 사양은 다음과 같다.

항공기 유형	eVTOL
조종사	1인
승객	4인
수용 인원	5인
순항 속도	241km/h(150mph)
범위(비행가능거리)	161km(100miles)
탑재하중	450kg(992lb)
프로펠러	8개
전기모터	8개

창	멋진 전망을 제공하는 대형 창
날개 구성	플랩 및 에일러론이 있는 높은 날개
꼬리 구성	방향타가 있는 V자형 꼬리
날개 길이	15m(49ft, 2inches)
길이	13m(42ft, 8inches)
높이	4m(13ft, 1inch)
착륙 장치	3개의 개폐식 바퀴
안전 기능	분산전기추진으로 여러 개의 모터 중 하나가 작동이 멈추더라도 안전하게 비상 착륙할 수 있다.

출처: Vertical Aerospace VA-X4, eVTOL News

VA-X4는 탄소 배출 제로와 무소음에 가까운 비행, 161km 이상의 이동거리를 자랑하는데 2024년 인증이 목표이며, 2026년 기준 예상 판매가는 대략 164만 달러이다. 버티컬 에어로스페이스는 이미 아볼론(Avolon), 아메리칸항공, 버진 애틀랜틱(Virgin Atlantic) 등에게서 옵션 포함 사전주문으로 1,000대 이상 판매되었음을 발표한 바 있으며, 2026년까지 연간 1,000대 양산, 2028년까지 연간 2,000대 양산을 목표로 제시하였다.

버티컬 에어로스페이스는 2021년 10월 〈The Future of Advanced Aerial Mobility〉라는 백서를 발행하였는데, 역시 UAM에 관심 있는 독자라면 버티컬 에어로스페이스의 홈페이지를 방문해 확인해 보길 바란다. 브렉시트 이후 영국에서 추진하고 있는 UAM 비전을 확인할 수 있을 것이다. 버티컬 에어로스페이스는 2021년 12월에 뉴욕증권거래소에 스팩 상장하였다.

팰비(PAL-V), 에어로모빌(Aeromobil), 클라인비전(KleinVision)

팰비, 에어로모빌, 클라인비전 3사는 어떤 공통점이 있을까? 독자들의 답변을 기다리며 팰비부터 3사 소개를 시작한다.

팰비(Personal Air and Land Vehicle)는 네덜란드의 플라잉카 스타트업으로 팰비 리버티(PAL-V Liberty)를 개발하고 있다. 팰비의 초기 아이디어는 존 배커(John Bakker)에 의해 1999년에 시작되었으며, 2008년에 로버트 딩먼스(Robert Dingemanse)와 팰비를 창업하였고, 2012년 팰비 원(PAL-V ONE) 모델로 첫 비행에 성공하였다.

팰비의 팰비 원

출처: 위키미디어 커먼스(저작자: PAL-V Europe NV/CC BY-SA 3.0)

플라잉카의 특징은 평소에 도로를 주행하다가 교통체증이 심해지면 단숨에 하늘로 날아오르는 것이다. 이에 플라잉카 스타트업 팰비는 EASA와 초기 인증기준을 만드는 일부터 협력해왔다. 2009년에 소형 회전익항공기 인증기준인 CS-27을 적용하기로 합의했다고 공개한 이후 10여 년간 협업해 2021년 2월에 최종 버전이 EASA에 게시되었다. 다음은 세계 최초의 양산형 플라잉카를 자처하는 팰비 리버티의 2019년 6월 기준의 세부 사양이다. 특성상 주행모드와 비행모드를 구분하여 소개한다.

주행모드	
최고 속도	160kmh (about 100mph)
엔진 출력	100마력
연비	7.6l/100km
범위(주행가능거리)	1,315km(817miles)

비행모드	
경제 순항 속도	140kmh(87mph)
높은 순항 속도(90% 범위)	160kmh(99mph)
최고 속도	180kmh(112mph)
최고 고도	3,500m(11,483ft)
유효 하중	246kg(542lb)
착륙 활주 거리	30m(98ft)
이륙 활주 거리	180m(590ft)
최대 비행가능거리	400~500km(249~310miles)
최대 내구성	4.3시간

출처: PAL-V International Liberty, eVTOL News

팰비 리버티는 2인승으로 이륙 시 180m의 활주 거리가 필요하며 연료를 가득 채우면 4.3시간을 연속 비행할 수 있다. 2022년에

90대를 한정 생산해 출시할 목표로 이전까지 모든 인증을 완료할 계획이다.

팰비의 팰비 리버티

출처: 위키미디어 커먼스(저작자: Eslivb/CC BY-SA 4.0)

에어로모빌은 최초의 플라잉카인 동명의 '에어로모빌'을 설계, 개발, 상용화하기 위해 2010년에 창업하였다. 그 이후로 몇 차례의 시제기 개발 및 테스트를 포함하여 도전적인 엔지니어링과 디자인으로 종종 언급되는 플라잉카 스타트업이다. 2023년에 판매가 가능할 것으로 기대되는 에어로모빌은 30만 시간이 넘는 디자인, 엔지니어링, 테스트가 결합된 제품으로 '개인용 모빌리티(Personal Mobility)'를 실현하는 데 중요한 이정표가 될 것으로 자부하고 있다.

슬로바키아의 플라잉카 스타트업 에어로모빌에는 창립자이자 수석 개발자인 스테판 클라인(Stefan Klein)의 노력이 구석구석 스며들었는데, 2015년에 갑자기 시제기 추락사고가 발생한다. 시제기 에어로모빌 3.0이 시험비행 중 갑자기 나선식으로 급강하하다 추락한 것인데, 당시 운전 중이던 스테판 클라인은 300m 상공에서 낙하산으로 탈출하여 다행히 생명에 지장이 없었다고 한다. 그러나 사고 이후 2016년, 창립자이자 수석 개발자인 스테판 클라인은 에어로모빌을 떠난다. 이후 에어로모빌은 2018년 3월, '에어로모빌 5.0'에 대한 계획을 발표했다. 에어로모빌 5.0은 4인승 플라잉카로 날개 끝에 부착된 2개의 전기동력 프로펠러를 활용하여 수직이륙 및 순항에 필요한 추진력을 제공한다. 2023년까지 까다로운 인증과정을 거쳐 판매 가능 모델을 선보일 수 있을지 관심 있게 지켜본다.

에어로모빌의 에어로모빌

출처: 위키미디어 커먼스(저작자: Achim Hepp from Dortmund, Germany/CC BY-SA 2.0)

2021년 6월, 슬로바키아의 또 다른 플라잉카 스타트업인 클라인비전의 '에어카(AirCar)'는 현지 니트라국제공항과 수도인 브라티슬라바 사이에서 약 35마일(약 56km) 시험비행에 성공한다. 시험비행에서 시제기 에어카는 시속 170km를 기록했는데, 버튼 하나만 누르면 2분 15초 만에 숨겨져 있던 날개와 꼬리가 펴지면서 도로주행모드에서 하늘을 나는 비행모드로 변신할 수 있어 관심을 모았다. 여러 보도를 종합하면 에어카는 BMW 엔진과 고정 프로펠러가 탑재됐으며, 시속 191km 속도로 비행할 수 있고, 높이 2,500m에서 약 1,000km 거리를 40시간 동안 비행할 수 있다고 한다. 다만, 에어카는 수직이착륙이 불가능하여 이착륙을 위한 활주로가 필요하며, 전기가 아닌 가솔린으로 동력을 얻는다는 특징이 있다.

클라인비전의 창업자이자 CEO는 바로 스테판 클라인이며, 그는 앞서 소개한 에어로모빌의 창업자이자 수석 개발자였다. 슬로바키아공대 졸업논문으로 플라잉카 개념을 제시한 이후 에어로모빌을 창업하였고, 시제기 개발을 주도하다 2016년에 퇴사한 후 클라인비전을 창업한 것이다.

클라인비전은 에어카의 장점으로, 장거리 이동을 위해 공항에서 보안 수속을 거쳐 비행기를 타고 목적지까지 가는 번거로움을 없앨 수 있는 점과 착륙 뒤 직접 운전해 골프장이나 사무실 또는 호텔까지 가서 주차장에 세워 놓을 수 있는 점 등을 꼽았다. 아직 시제기로 완제품 출시에 다소 시간이 걸릴 것으로 보이지만, 미국에서만 약 4만 건의 주문이 있다고 밝힌 바 있다.

이상 팰비, 에어로모빌, 클라인비전을 소개했다. 모두 유럽 소재의 플라잉카 스타트업으로, 1989년 개봉한 〈백 투 더 퓨처 2〉의 하늘을 나는 자동차 플라잉카를 오늘날 현실에서 구현하는 기업들이다. 아쉽게도 주요 모델들에게 이착륙을 위해 별도의 활주로가 필요하고, 상당수 모델이 친환경 전환 과정에서 주목하고 있는 전기동력을 활용하지 않는다는 점은 향후 시장 확대에 한계가 될 수 있다. 언제쯤 이들이 추가 기술 개발과 쉽지 않은 인증과정을 거쳐 '하늘을 나는 자동차' 플라잉카를 시판하게 될지 주목하며, 관심 기업으로 소개한다.

엠브레어(Embraer)··· 엠브레어X(EmbraerX), 이브(Eve Urban Air Mobility)

엠브레어는 1969년 설립된 브라질의 항공기 제조사로 브라질 최대의 수출 기업이며, 2000년대에 들어 급성장하고 있는 기업이다. 150인석 이하급의 상용 항공기 전문 제조사인데, 상용 항공기 분야 납품 제조사로는 보잉과 에어버스에 이어 세계 3위 수준이다.

엠브레어는 2017년 미국에 전략적 전초기지로 엠브레어X를 설립하고, 엠브레어X는 2020년에 이브를 스핀오프한다. 미국에 설립한 엠브레어X는 eVTOL 개발을 책임지고, 이브는 eVTOL 인증진도, 서비스와 지원 네트워크, UAM교통관리체계 솔루션 등의 종합 포트폴리오 솔루션을 담당한다. eVTOL 개발을 담당하는 엠브레어X는 UAM 산업의 초기 리더였던 우버와 파트너십을 체결한 바 있는데, 2017~2019년까지 '우버 엘리베이트 서밋'에 참가하였고, 2019년에는 'FLIGHT PLAN 2030'이라는 백서를 공개하기도 하였다. 엠브레어X는 2020년 7월에 시뮬레이터 초도비행 영상을 공개하는데, 시제기 없이 시뮬레이션으로만 진행하는 시험비행이었다. 해당 영상에는 시뮬레이터를 활용한 시험비행의 장점도 소개하는데, 향후 eVTOL 시험비행에서의 시뮬레이터 활용이 높아질 것으로 보인다.

이브는 2021년 6월에 eVTOL 200대를 확정 주문받았다고 공개하는데, 주문한 기업은 '할로(Halo)'이다. 할로는 미국 및 영국에 각각 소재한 기업으로 UAM 상용서비스를 준비하고 있다. eVTOL은 2026년부터 납품될 예정인데, 미국에 100대, 영국에 100대가 각각 운용될 예정이다. 더불어, 이브는 같은 6월에 남미 최대 헬리콥터 운항사 중 한 곳인 헬리술 에비에이션(Helisul Aviation)과 UAM 상용서비스 준비를 위한 파트너십을 체결한다. 해당 파트너십에는 eVTOL 50대 주문이 포함되어 있으며, 납품은 2026년부터이다. 헬리술 에비에이션은 현재 브라질에서 50대 이상의 항공기를 운용 중이다. 연이어 이브는 미국 블레이드(Blade Urban Air Mobility, Inc.)와 2026년 남부 플로리다와 서부 해안 지역에서 비행시간 기준으로 연간 6만 시간의 eVTOL을 제공하는 계약을 체결했다. 이를 위해 eVTOL 60대를 배치할 계획이라고 한다. 다음은 이브 eVTOL의 세부 사양이다.

항공기 유형	eVTOL
조종사	1인 혹은 자율비행
승객	수화물이 있는 승객 4인(휠체어 이용에 친화적)
정상 순항 고도	800~1,000m(2,600~3,300ft)
VTOL 비행	8개의 전기 프로펠러
전방 비행	1~2개의 후방 덕트 프로펠러(최종 설계에 따라 상이)
중량	1t
착륙 장치	스키드 2개
안전 기능	분산전기추진으로 1개 또는 2개의 모터/프로펠러가 작동이 멈추더라도 다른 모터/프로펠러가 안전하게 착륙시킬 수 있다.

출처: Eve Urban Air Mobility Solutions Eve, eVTOL News

이브는 2021년 9월에 프랑스의 헬리콥터 예약 플랫폼인 헬리패스(Helipass) 와도 파트너십을 체결했다. 헬리패스는 2014년 설립되어 프랑스 파리에 본사를 둔 헬리콥터 예약 플랫폼 기업으로 700여 행선지와 120여 헬리콥터 운용사를 연결해 주고 있다. 이를 통해 양사는 프랑스 및 유럽에서 UAM 상용서비스 진입을 모색할 것으로 보인다. 이브는 이외에도 미국의 민간 헬리콥터 운항사인 브리스토우(Bristow Group Inc.)와 브라질의 항공기 공유 기업인 아반또(Avantto) 등과 각각 파트너십을 체결하고, eVTOL 판매 계약을 체결하였다.

2020년 스핀오프한 이브가 이렇게 많은 파트너십 및 판매 계약을 체결하는 이유는 모기업인 엠브레어가 150인석 이하의 상용 항공기 제조의 강자이고, 엠브레어X가 UAM 산업 초기 우버와의 파트너로서 준비 기간이 있었기 때문일 것이다. 2021년 3월에 공개한 짧은 시험비행 영상(Eve: Mobility Reimagined)에서 스치듯 비행 장면을 공개한 바 있는데, 시제기를 통한 본격적인 시험비행 영상과 구체적인 자료도 조만간 확인할 수 있기를 기대한다. 엠브레어… 엠브레어X, 이브를 관심 기업으로 소개한다.

스카이드라이브(SkyDrive), 혼다(Honda)

스카이드라이브 소개에 앞서 '카티베이터(Cartivator)'라는 단체에 대해 잠시 언급하고자 한다. 카티베이터는 '모빌리티를 통해 다음 세대에게 꿈을 전한다'라는 미션을 가지고 2012년 일본에서 시작된 단체로, 자동차 및 항공산업에서 일하는 젊은 자원봉사자로 구성되어 있다. 이들은 주말마다 모여서 플라잉카 개발을 위해 협력하고 있으며, 주요기업과의 제휴를 통해 플라잉카의 양산을 목표로 하고 있다. 실제 도요타도 이들에게 투자 및 후원하고 있는데, 2021년 이후에는 '드림 온(Dream On)'으로 단체명이 변경되었다. 스카이드라이브는 2014년에 카티베이터에서 개발을 시작한 후 2018년에 독자 창업한 일본의 eVTOL 스타트업이다. 스카이드라이브가 2020년 8월, 도요타 야외 비행장에서 선보인 시제기 'SD-03'은 조종사가 탑승해 3m 상공에서 4분간 비행한 후 착륙했다. SD-03의 세부 사양은 다음과 같다.

항공기 유형	eVTOL
조종사	1인

수용 인원	1인
순항 속도	40~50㎞/h(25~31mph)
최대 비행시간	5~10분
고도	150m(492ft)
중량	400kg(882lb)
프로펠러	8개
전기모터	8개
전원	배터리
크기	4×4×2m(13.1×13.1×6.6ft)
창	윈드 스크린이 있는 개방형 조종석
착륙 장치	스키드
안전 기능	분산전기추진으로 1개 또는 2개의 모터/프로펠러가 작동이 멈추더라도 다른 모터/프로펠러가 안전하게 착륙시킬 수 있다. 조종사의 안전을 위한 롤 바와 전방의 백색등, 후방의 적색등, 항공기 바닥의 적색 주행등으로 항공기의 방향이 표시된다.

출처: SkyDrive SD-03, eVTOL News

한 명의 승객을 태울 수 있으며, 최대 비행시간은 5~10분이고 비행속도는 시속 40~50km이다. 기체의 길이가 4m에 폭도 4m, 높이는 2m로 비교적 소형이어서 자동차 두 대를 주차할 수 있는 공간이면 이착륙과 보관이 가능하다. 단, 수용 인원이 1인이라는 점은 대중교통 수단이라기보다는 개인용 항공기나 레저용 활용 목적을 연상하게 한다. 스카이드라이브는 2026년까지 비행시간과 속도를 향상시킬 계획이다.

스카이드라이브는 2020년 8월에 도쿄에서 열린 기자 회견에서 시리즈 B 펀딩을 통해 39억 엔을 투자받았다고 발표했는데, 향후 인증을 거쳐 2023년에 일본의 도쿄 및 오사카 서쪽 항구 지역을 '잠재적 비행 구역'으로 운영하겠다는 목표를 밝힌 바 있다. 인증을 위해 2021년 10월에 일본 감항당국인 국토교통성에 형식증명을 신청하였는데, 일본의 국토교통성 최초의 인증작업으로 해당 항공기의 강도 및 비행테스트 등을 거쳐 인증서를 부여할 것이다. '100년에 한 번뿐인 모빌리티 혁명을 선도한다'라는 당찬 미션으로 창업해 2025년 상용화 목표를 밝힌 스카이드라이브의 젊은 도전을 기대한다.

전 세계 유명 완성차기업 상당수가 그랬던 것처럼, 혼다도 UAM 진출을 선언하였다. 2021년 4월, 혼다는 2050년까지의 기업 비전을 선포하면서, 2030년 이후 '혼다 eVTOL'을 선보이겠다고 발표했다. 혼다는 가스 터빈 하이브리드 동력장치에 자사의 전동화(electrification) 기술을 활용하는 '하이브리드형 동력'으로 주행거리를 400km까지 늘린다는 계획인데, 북미에서의 상용서비스도 염두에 둔 것으로 보인다. 공개된 혼다의 하이브리드형 eVTOL의 일부 사양을 소개한다.

항공기 유형	하이브리드형 eVTOL
조종사	미정
수용 인원	4~6인으로 추정
프로펠러	8개의 수직이착륙용 프로펠러
전방 비행 프로펠러	2개
전기모터	10개
창	멋진 전망을 제공하는 높은 창
동체	탄소 섬유
착륙 장치	개폐식

안전 기능	분산전기추진으로 1개 또는 2개의 모터/프로펠러가 작동이 멈추더라도 다른 모터/프로펠러가 안전하게 착륙시킬 수 있다.

출처: Honda eVTOL, eVTOL News

'선언' 외에 소개할 내용은 별로 없지만, 양산 능력을 갖춘 세계적인 완성차기업 혼다의 선언이기에 독자들에게 소개하였다. 관련하여 직접 참여보다는 글로벌 스타트업인 조비나 일본의 카티베이터 등에 대한 투자로 UAM 사업을 시도하고 있는 도요타와의 UAM 진출 전략 차이가 향후 어떤 결과로 이어질지도 주목한다.

이항(EHang), 샤오펑(Xpeng)

2021년 2월 16일! 투자정보업체인 울프팩 리서치에서 '이항, 추락하고 불타서 없어질 주식 프로모션(EHang, A Stock Promotion Destined to Crash and Burn)'이라는 보고서가 발표되자 미국 나스닥에 파문이 일었다. "이항의 핵심 계약 상대였던 중국 기업은 실체를 확인할 길이 없었고, 이항의 중국 현지 공장에는 항공기나 드론을 만들기 위한 기본적인 생산 시설조차 없었다."라는 내용에 단기간에 급등했던 이항의 주가는 순식간에 폭락하였다.

이항은 우리나라와도 관련이 있는 기업이다. 2020년 11월, 서울 여의도에서는 우리나라 최초의 드론택시 시연이 펼쳐졌는데, 당시 시험비행한 기체가 이항의 'EH216' 모델이었다. 이후 우리나라에서 이항에 대한 관심이 높아졌고, 울프팩 리서치 보고서가 발표될 무렵에는 우리나라 투자자가 보유한 미국 주식 상위 10개 종목 중 9위이자, 유일한 중국 기업이 이항이었다.

이항의 이항 216

출처: 위키미디어 커먼스(저작자: NCDOTcommunications/CC BY 2.0)

적극적인 홍보 활동을 펼쳐온 이항은 이미 CES 2016에서 '이항 184' 모델을 출품하여 관심을 끈 바 있다. 이항 184는 1인석에 프로펠러가 8개, 본체와 프로펠러를 연결하는 장치가 4개인 eVTOL이다. 2018년 2월에 발표된 후속 모델 '이항 216'은 네덜란드 암스테르담, 카타르 도하, 오스트리아 빈을 거쳐 2020년 1월에 미국 노스캐롤라이나주에서 각각 시험비행을 선보였다. 이항 216의 세부 사양을 소개한다.

항공기 유형	eVTOL
조종사	자율비행

승객	2인
순항 속도	100km/h(62mph)
최고 속도	130km/h(81mph)
최대 고도	3,000m(9,843ft)
범위(비행가능거리)	35km(22miles)
비행시간	21분
승객 제어판	30.5cm(12in) 화면
탑재하중	220kg(485lb)
배터리 충전시간	120분
프로펠러	16개
전기모터	16개
창	멋진 전망을 제공하는 대형 창
착륙 장치	고정식 스키드
안전 기능	분산전기추진으로 1개 또는 2개의 모터/프로펠러가 작동이 멈추더라도 다른 모터/프로펠러가 안전하게 착륙시킬 수 있다.

출처: EHang 216, eVTOL News

216 모델은 2인석이고 프로펠러가 16개인데, 조종사가 탑승하지 않는 자율비행 eVTOL이다. 이항은 2020년 1월에 백서를 발간하고, 3월에 국내외 누적 시험비행 4,000회, 6월에 5,500회를 수행했다고 연이어 발표한다. 그리고 2020년 7월에는 화재 진압 목적의 216F를, 9월에 중대형 배달드론(화물드론) 216L을 공개하였고, 12월에 중국의 감항당국인 중국민용항공국에 형식증명을 신청하였다.

앞서 소개한 바와 같이 2021년 2월 16일에는 울프팩 리서치 보고서가 발간되며 적잖은 파문이 있었다. 곧바로 이항이 반박 보도자료를 냈지만, 충격을 가라앉히기에는 역부족이었다. 그리고

2021년 4월, 이항은 장거리용 eVTOL인 VT10, VT20, VT30을 연이어 발표했는데 VT10, VT20은 VT30 대비 소형 eVTOL이다. VT30의 세부 사양을 소개한다.

항공기 유형	eVTOL
조종사	자율비행
수용 인원	2인
범위(비행가능거리)	300km
비행시간	100분
프로펠러	수직이착륙용 8개, 전진비행용 1개
전기모터	9개
전원	배터리
기체 중량	700kg(1,543lb)
동체	탄소 섬유 합성재질
창	조종석에 투명 덮개
날개	낮은 주익 1개
착륙 장치	3개의 고정식 바퀴
안전 기능	분산전기추진으로 1개 또는 2개의 모터/프로펠러가 작동이 멈추더라도 다른 모터/프로펠러가 안전하게 착륙시킬 수 있다. 다중 모드로 유연하게 변경할 수 있는 3중 이중화 플라이 바이 와이어 시스템으로 더 높은 안전 수준을 제공한다. 또한 바퀴가 있는 착륙 장치가 있어 필요할 경우 일반 항공기처럼 착륙이 가능하다.

출처: EHang VT-30, eVTOL News

이렇게 이항은 꾸준히 새로운 모델을 발표하며 활발한 홍보 활동을 이어가고 있다. 중국 DJI가 드론 시장에서 놀라운 성과를 보여주었던 것과 같이, 이항이 2021년 초에 노출된 우려를 딛고 UAM 상용화에 안착하며 신뢰할 만한 성과를 보여줄 수 있을지 주목한다.

중국의 전기차 제조사인 샤오펑(Xpeng)은 광저우에 본사를, 미국 캘리포니아주에 지사를 두고 있고 뉴욕증권거래소에 상장되어 있다. 2014년에 시아헝(Xia Heng)과 자동차 관련 전문지식을 보유한 GAC 그룹의 전직 고위간부였던 허타오(He Tao)가 공동 창업하였다. 샤오펑은 전기동력 플라잉카 개발 소식을 지속적으로 전해왔는데, 2021년 7월 중국 상하이에서 개최된 전시회에서 '보이저 X2(Voyager X2)'를 공개하였다. 보이저 X2의 세부 사양을 소개한다.

항공기 유형	eVTOL 멀티콥터
조종사	자율비행
수용 인원	2인
최고 속도	130kp/h(81mph)
비행시간	35분
순항 고도	300~500m(984~1,640ft)
기체 중량	360kg(794lb)
최대 이륙중량	560kg(1,235lb)
프로펠러	8개
전기모터	8개
전원	배터리
동체	탄소 섬유 합성재질
창	조종석에 투명 덮개
착륙 장치	고정식 스키드
안전 기능	분산전기추진으로 1개 또는 2개의 모터/프로펠러가 작동이 멈추더라도 다른 모터/프로펠러가 안전하게 착륙시킬 수 있다. 비상 시 사용할 수 있는 낙하산이 있다.

출처: XPeng Voyager X2, eVTOL News

샤오펑은 2021년 중국 광둥성 자오칭 공장에서 10만 번째 전기차 생산을 기념하는 행사를 진행했다. 전기차 생산 10만 대는 창립 7년 만에 이룬 성과로 테슬라보다 5년 빠른 성과이다. 이날 샤오펑은 '글로벌 자동차업계가 전기차 중심에서 플라잉카 시대로 접어들 것이며, 2024년 플라잉카 양산이 목표'라고 밝혔다.

샤오펑의 자회사 HT 에어로가 개발한 '6세대 플라잉카'는 프로펠러가 접히는 디자인으로 도로 주행을 하다가 비행으로의 수시 전환이 가능하도록 설계되었다고 한다. 예상 판매가는 대략 100만 위안 수준인데, 실제 상용화까지는 관련 법규 제정과 인증 등을 넘어야 한다. 샤오펑이 전기차에 이어 플라잉카에서도 예상을 뛰어넘는 성과를 보여줄 수 있을지 주목한다.

현대자동차 그룹(Hyundai Motor Group)

2021년 11월, 세계적인 완성차기업인 현대자동차 그룹은 UAM 독립법인 명칭을 '슈퍼널(Supernal)'로 확정 공개했다. 슈퍼널이라는 이름은 '천상의, 더할 나위 없이 우수한'을 의미하며, 미래항공 모빌리티(AAM)를 통해 이용자에게 새로운 경험을 제공하고, 사회의 변화를 이끌어낸다는 목표이다. 사실 이 독립법인은 2020년 미국 워싱턴 D.C.에 설립되어 eVTOL 연구개발을 진행해왔으며, 사명을 변경하고 공개한 것을 계기로 관련 사업에 박차를 가할 것으로 보인다.

거슬러 올라가 2020년 1월, 현대자동차는 CES 2020에서 UAM 산업의 초기 리더였던 우버와 '우버 에어택시' 개발 파트너십을 체결하고, S-A1을 전시하며 화제를 모은 바 있다. 당시 공개한 S-A1의 세부 사양을 소개한다.

항공기 유형	eVTOL
조종사	자율비행이 가능할 때까지 조종사 1인
승객	4인(수화물 운반을 위한 충분한 공간 확보)
순항 속도	290km/h(최대 180mph)
범위(비행가능거리)	97km(60miles)
최대 고도	305~610m(1,000~2,000ft)
충전시간	5~7분
프로펠러	틸트로터형 프로펠러 4개 및 수직이착륙 전용 프로펠러 4세트
전방 비행	4개의 프로펠러
VTOL 비행	모든 프로펠러
전기모터	8개
배터리	빠른 충전 기능이 있는 고밀도 배터리 7개
동체 및 날개 구조	탄소 합성재질
날개	약간 앞쪽으로 기울어진 디자인의 주익 1개
꼬리	V자형 1개
창	멋진 전망을 제공하는 넓은 창
착륙 장치	개폐식 3개
안전 기능	분산전기추진으로 1개 또는 2개의 모터/프로펠러가 작동이 멈추더라도 다른 모터/프로펠러가 안전하게 착륙시킬 수 있다. 비상 시 사용할 수 있는 낙하산이 있다.

출처: Hyundai S-A1, eVTOL News

2020년 7월, 현대자동차는 영국의 '어반 에어포트(Urban-Air Port)'와 파트너십을 체결하는데, 어반 에어포트는 UAM의 지상 인프라 구축 전문기업이자, 'Six Miles Across London Limited(small)'의 자회사로 향후 5년 안에 200여 개의 전 세계 에어 원(Air One)

버티포트 구축 계획을 밝힌 바 있다. UAM 상용화를 위해 상호 협력하는 것으로 보이는데, 실제 2021년 1월에는 영국 코벤트리시에 버티포트 구축계획을 양사가 발표하였다. 2020년 12월 현대자동차는 현대모비스, 현대글로비스 등과 함께 미국 보스톤 다이내믹스(Boston Dynamics)의 경영권 지분 약 80%를 일본의 소프트뱅크로부터 인수한다. 수익성 논란이 있음에도 단연 로봇 분야의 기술력을 인정받고 있는 보스톤 다이내믹스는 첫 상용 제품인 로봇개 '스팟(Spot)'을 2020년 6월부터 판매하기 시작하였고, 2021년부터는 물류자동화 로봇인 '픽(Pick)'도 선보이고 있다. 보스톤 다이내믹스의 로봇 기술과 연계한 AAM, UAM이라는 큰 그림을 추정해 볼 수 있다. 그리고 2021년 6월에는 미국 'ANRA 테크놀로지(ANRA Technologies)'와 AAM 운용 환경 개발을 위한 파트너십을 체결하였다. ANRA 테크놀로지는 2015년에 창업한 스타트업으로 유럽 'SESAR(Single European Sky ATM Research) Joint Undertaking'의 AMU-LED 프로그램에도 참여하고 있으며, 2021년 7월에는 NASA의 'AAM 내셔널 캠페인'의 시뮬레이션을 위한 파트너로 선정되었다.

사실 현대자동차는 개발 중인 시제기의 시험비행 실적 등에 대한 구체적인 자료를 공개하지 않은 상태다. 그러나 긴 호흡으로 AAM 및 UAM 사업을 추진하고 있는 현대자동차이기에 어떤 모습으로 등장할지에 대해 국내외에 주목하는 이가 많다. 첫 비행 목표 시기는 2024년이다.

현대자동차의 UAM 상용서비스 개시(EIS) 목표는 2028년이다. 2021년 6월, 현대자동차의 북미 CEO인 호세 무노스(Jose Munoz)가 UAM 운항개시 목표를 기존 2028년에서 2025년으로 3년 앞당길 수 있음을 밝힌 바 있지만, 이후 발표에는 다시 2028년이다. 한국에서 2026년 배달드론(화물드론) 상용화를 먼저 시작하고, 2028년에 본격적인 UAM 상용서비스를 국내외에서 시작할 것으로 전망하는 기사도 보인다. 제조는 물론 UAM 운항자로서의 등장 여부를 주목하며, 현대자동차를 관심 기업으로 소개한다.

한화시스템(Hanwha Systems)··· 오버에어(Overair)

한화시스템은 미국의 '카렘 에어포트(Karem Aircraft, 이하 '카렘')'에서 분사한 '오버에어'에 투자하며 UAM 추진 행보를 공식화했다. 카렘의 창업자 애브라함 카렘(Abraham Karem)은 드론의 아버지로 불리는 인물로, 미국에서 알바트로스(Albatross), 엠버(Amber) 등의 무인 항공기를 개발하였으며 이들 항공기는 군용 드론의 상징이 된 '프레데터(Predator)' 개발에 큰 영향을 미치게 된다. 오버에어는 현재 eVTOL '버터플라이(Butterfly)' 개발 중이며, 한화시스템은 이 회사의 지분을 30%를 보유하고 있다. 버터플라이의 세부 사양을 소개한다.

항공기 유형	eVTOL
조종사	1인

승객	5인
속도	322km/h(200mph)
범위(비행가능거리)	161km(100miles)
프로펠러	OSTR 기술이 적용된 쿼드 틸트로터 4개
전기모터	4개
탑재하중	1,100lb
동력	배터리
날개	높은 주익 1개
꼬리	V자형 1개
착륙 장치	개폐식
안전 기능	분산전기추진으로 하나의 로터가 작동을 멈추어도 작동 중인 다른 로터가 안전하게 착륙시킬 수 있다.

출처: Overair(Karem) Butterfly, eVTOL News

버터플라이는 자체 특허인 OSTR(Optimum Speed Tiltrotor) 기술을 자랑하는데, 일반적인 틸트로터형 대비 높은 성능을 보여준다고 한다. 더불어, 오버에어는 버터플라이가 가장 조용한 eVTOL이 될 거라 주장하는데, 애브라함 카렘이 버티고 있기에 기대를 갖게 한다. 2023년에 시제기 비행 예정이며, FAA의 형식증명을 거쳐 2026년 UAM 상용화 서비스 개시(EIS) 목표이다.

한화시스템은 오버에어를 통한 eVTOL 개발 외에 국내외 유관 기업들과의 협력을 강화하고 있다. 관련하여 2021년 1월에는 한국공항공사, SK텔레콤, 한국교통연구원과 'UAM 사업 협력을 위한 4자 MOU'를 체결하였는데, 버티포트 및 운항 서비스, 모빌리티 플랫폼 등에 이르는 UAM 벨류체인을 구축하는 것으로 보인다. 흥미롭게도 한화시스템은 2021년 8월 우주인터넷 기업 원웹(OneWeb)

에 3억 달러 투자를 발표한다. 우주인터넷 사업이란 수천 개의 위성을 500~2,000km의 저궤도에 띄워 지구 전역에 빈틈없이 초고속 인터넷을 제공하는 사업이다. 높은 고도에서 끊김 없이 신호를 주고받아야 하는 eVTOL이나 자율주행차에 필요한 미래기술이다. 현대자동차와 유사한 듯 보이지만 다른 접근 방법을 보여주는 한화시스템! 공격적인 투자를 이어나가는 한화시스템을 관심 기업으로 소개한다.

기타

저자가 관심 기업으로 스크랩하는 기업 중 미처 소개하지 못한 기업들이 제법 있다. 에어원(AIR ONE), 에어스피드(AIR-SPEEDER), 젯슨(Jetson) 등의 기업은 자료를 보완해 차후 소개하기로 하고, 이 책에는 '롤스로이스(Rolls-Royce), 존트 에어 모빌리티(Jaunt Air Mobility)'를 간략하게나마 소개한다. 그리고 '릴리어이블 로보틱스(Reliable Robotics)'는 배달드론 부문에서 소개한다.

롤스로이스는 엑셀(ACCEL, Accelerating the Electrification of Flight) 프로그램을 운영하고 있다. 엑셀 프로그램은 세계에서 가장 빠른 '전기항공기(all-electric aircraft)'를 만들기 위한 도전으로 비행속도 480kmh 이상은 물론 탄소배출 제로(zero-emissions)의 전기항공기를 개발 중이다. 롤스로이스의 엑셀 프로그램에는 전기모터 및 컨

트롤러 제조업체인 야사(YASA) 및 항공 스타트업인 일렉트로플라이트(Electroflight)가 핵심 파트너로 참여하고 있다. 2021년 9월, 롤스로이스는 3년여의 준비를 통해 자사의 전기동력 항공기인 '스피릿 오브 이노베이션(Spirit of Innovation)'의 첫 비행을 성공적으로 완료했다고 발표한 바 있다. 이 항공기는 항공기용으로 조립된 배터리 팩 중 가장 전력 밀도가 높은 강력한 400kW(500+hp) 전기 파워트레인을 동력으로 사용하였으며, 약 15분 동안 비행에 성공하였다.

'존트 에어 모빌리티'는 2018년 미국에서 창업한 스타트업이다. 창업 직후인 2019년에는 놀랍게도 UAM 산업의 초기 리더였던 우버와의 파트너십을 체결하였다. 2021년 1월에는 이탈리아의 스타트업 '월 모빌리티 SRL(Walle Mobility SRL)'과 이탈리아에서의 UAM 사업을 위한 파트너십을 체결하였고, 같은 달에 버티포트 등 인프라 구축 스타트업인 미국의 '배론 바이컬(Varon Vehicle)'과 중남미 지역 UAM 사업 추진을 위한 공동협력을 발표한다.

존트 에어 모빌리티는 자이로다인(Gyrodyne) 형식의 eVTOL을 개발하고 있는데, 자이로다인이란 헬리콥터와 오토자이로의 중간 형태 항공기를 말한다. 2023년에 FAA에 인증을 신청하고, 2025년에 형식증명 및 감항증명을 획득하는 것이 목표라고 한다.

매복 중인 테슬라?
관심은 'When?', 변수는 '배터리'

2021년 11월, 테슬라의 시가총액이 1조 달러를 돌파했다. 애플(Apple), 마이크로소프트(Microsoft), 알파벳(Alphabet), 아마존(Amazon) 등 세계적인 빅테크 기업의 상징처럼 여겨지던 1조 달러! 당시 테슬라의 주가는 1천 달러를 넘어서며 이른바 '천슬라' 고지에 등극했다. 시가총액이나 주가라는 것이 언제든 등락할 수 있지만, 수년간 적자를 내며 수익성 논란에 시달리던 과거를 지우듯이 테슬라는 8분기 연속 흑자를 기록하는 등 '미래 가능성'을 '실적'으로 증명해 나가고 있다. 일부 오너리스크(Owner risk) 지적에도 불구하고 놀라운 실적을 이어가는 테슬라의 성장 이면에는 역시 '혁신'이 자리하고 있다.

일단, 분업과 위탁이 일반화된 완성차 시장에서 테슬라는 원료부터 생산, 서비스까지 수직 계열화를 통한 차별화를 추구한다. 핵심 기술 개발 및 수직 계열화를 통해 원가 경쟁력을 확보하고, 전체 최적화 관점으로 경쟁자들보다 앞서 나가는 전략을 구사한 것이다. 대표적으로 그간 가장 효율적인 완성차 생산 방식으로 평가받던 금속패널 점용접(點鎔接) 방식을 고집하지 않고, 대형 부품을 알루미늄 캐스팅으로 생산하는 '기가 캐스팅(GIGA casting)'을 적용했다. 70여 개의 금속패널을 이어 붙여 만든 리어 언더바디를 하나의 알루미늄 캐스팅 부품으로 단순화하고, 프런트 언더바디도 하나의 캐스팅 부품으로 통합해 향후 전체 하부 구조를 단 3개의 부품으로 단순화한 것이다.

테슬라의 혁신에 있어 빼놓을 수 없는 주제는 배터리이다. 테슬라는 2020년 9월 자사의 '배터리데이(Battery Day)'를 통해 새로운 배터리 표준으로 4,680(46×80mm)셀을 소개한 바 있는데, 에너지 밀도와 열관리 성능, 원가 경쟁력을 크게 개선한 것으로 평가받는다. 초기에 모바일 기기에서 사용하던 1,865(18×65mm, 독자의 이해를 돕기 위해 '18650'에서 맨 뒤 '0'을 빼고 관련 표기를 일원화한다)셀 배터리를 채택하였으나 테슬라는 2018년부터 2,170(21×70mm)셀을 적용하고 있었다. 그러나 2020년 배터리데이에서 소개한 4,680셀은 원통형 배터리로써, 기존 배터리 대비 에너지 용량이 5배, 출력을 6배 높이고 주행거리를 16%나 늘릴 수 있으며 무엇보다 양산이 수월해진다고 한다. 4,680셀 배터리는 탭을 제거해 전기 및 열 저항을 크게 개선하고 생산성을 높이는 '탭리스(Tabless)' 디자인인데, 기존의 원통형 배터리는 배터리셀 외부의 양극 및 음극 단자와 내부의 전극 포일을 각각 연결해 주는 얇은 막대 모양의 탭을 전극 포일에 용접하는 방식이었다. 4,680셀 배터리는 탭을 제거하고 전극 포일의 측면에 잘게 칼집을 내어(slitting) 전극과 단자 사이 접촉면을 크게 늘림으로써 복잡한 탭 용접 공정을 제거하였다.

테슬라의 원통형 배터리 표준 변화

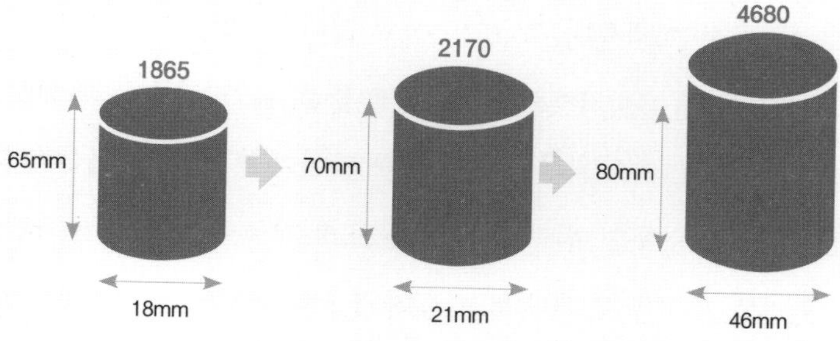

테슬라의 배터리셀 표준은 세대를 거칠 때마다 셀 크기의 증대뿐만 아니라 소재 사용의 절감, 생산성 및 에너지 밀도 향상을 통한 원가 절감 시도를 지속하고 있다. 이는 궁극적으로 배터리 가격을 낮추기 위한 테슬라의 혁신인데, 한 가지 아쉬운 점은 공급망 이슈가 더해지며 4,680셀을 2021년에도 양산하지 못했다는 것이다. 전기차를 선도하는 테슬라의 진정한 경쟁력인 '양산 능력'을 제대로 보여주지 못했다.

2021년 7월, 테슬라는 미국에서 FSD(Full Self Driving) 구독 서비스를 출시하였다. 기존 차량에 탑재되어 있던 '차선 내 중앙 유지, 전방 차량 간격 유지' 등의 기능 외에 '내비게이션 기반 자동주행, 자동차선 변경 기능' 등의 부분 자동주행 기능을 추가한 것이다. 끊임없이 개선되고 있는 테슬라의 '부분 자동주행 기능(레벨2)'은 테슬라가 지닌 AI 하드웨어와 알고리즘, 슈퍼컴퓨터 개발 역량에 기인한다. 카메라 모듈 등의 하드웨어는 자체 개발하여 시스템 단순화 및 원가 경쟁력을 확보하고, 무엇보다 전 세계에 퍼져 있는 테슬라 차량을 통해 실제 주행 데이터를 수집한 후 강력한 슈퍼컴퓨터를 통해 AI 학습으로 진화시키고 있는 것이다. 이와 관련하여 테슬라는 뛰어난 AI 학습 플랫폼 '도조(Dojo) 프로젝트'를 진행 중이다. 저술 시점을 기준으로 테슬라는 실제 도로 환경에서 자율주행기술을 소비자 참여로 실험하고 있는 유일한 기업이며, 2021년 말까지 약 50억 마일 오토파일럿 누적 주행이 예상된다. 테슬라는 또 다른 혁신을 위해 독보적인 '자율주행 데이터'를 수집하고 있고, 이를 AI 학습 플랫폼으로 진화시키고 있다.

장기적으로 테슬라는 데이터 기반의 서비스 제공을 통한 부가가치 창출을 추구할 것으로 보이는데, FSD(Full Self Driving) 구독 서비스는 물론 'P2P 차량공유, 로보택시' 등의 다양한 모빌리티 서비스와 이용자 데이터에 기반한 '정밀 맞춤 in-car 마케팅'이 시도될 것이다. 로보택시는 차량 소유자의 선택에 따라 소유자가 사용하지 않는 시간에 자율주행 기능을 활용해 타인에게 이동 서비스를 제공하고, 이를 통해 소유자가 수익을 올리는 개념의 서비스다. 테슬라 CEO 일론 머스크(Elon Musk)는 이 서비스를 통해 차량 소유자는 연간 3만 달러에 가까운 매출을 올릴 수 있을 거라 주장했다. 그러나 그 정도의 자율주행기술이 검증되기까지는 시간이 필요할 것으로 보인다. 참고로 2021년 11월에 테슬라가 소프트웨어 결함으로 테슬라 차량 1만 2,000여 대를 미국에서 리콜하기로 했다는 보도가 있었는데, FSD 10.3 버전의 업데이트 후의 일이었다. 이는 '부분 자동주행 기능'과 관련한 것으로 보이는 충돌사고가 다수 발생하고, 이로 인해 미국 도로교통안전국(NHTSA)의 조사가 이어진 것과 무관하지 않다. 자율주행기술과 관련한 여러 변수가 검증되고 보완되기까지는 시간이 필요하다.

테슬라의 혁신과 관련해 꼭 기억해야 할 것이 하나 더 있다. 바로 자매기업인 스페이스X(SpaceX)를 통해 항공우주산업에 진출해, 대형 우주 발사체를 통해 인공위성을 쏘아 올리며 글로벌 위성통신망 '스타링크(Starlink)'를 구축하고 있다는 점이다. 스페이스X는 2021년에만 900여 개, 누적 1,600개 이상의 인공위성을 쏘아 올렸으며, 2025년까지 1만 2,000개, 최종 4만 2,000개의 위성을 보급해 스타링크를 완성할 계획이다. 현재는 별도의 수신 안테나가 필요하고 응답 속도 등에 문제가 있어 자율주행 차량보다는 클라우드 서비스 등의 제한적 용도로 사용되고 있으나, 음영지역 없이 연결되는 장점으로 인해 향후 eVTOL 등의 항공기나 자율주행차와 연계하여 활용될 것은 충분히 짐작할 수 있다.

미래 모빌리티와 관련해 A to Z까지 시도하며 큰 그림을 그려나가는 테슬라! 이쯤에서 독자들에게 질문하겠다. 테슬라는 과연 UAM 사업에 뛰어들까?

저자의 답변은 'Why not?'이다. 배터리로 대표되는 전기동력 기술의 이해도와 상용화 경험이 가장 풍부하고, 전기차 판매 초기부터 충전 인프라를 보급하며 이미 전 세계에 완속 충전기 2만 5,000기 이상을 설치한 테슬라! 스페이스X를 통해 항공우주산업에 진출해 UAM항공기의 자율비행에 필요한 스타링크를 구축하고 있는 테슬라! 독보적인 자율주행 데이터를 축적하고 있는 테슬라! 저자의 추가 답변은 'When?'이다.

일론 머스크는 그간 eVTOL에 대한 관심을 꾸준히 표현해왔다. 2008년에 배터리 기능이 향상됨에 따라 전기동력 항공기 제작이 가능해질 것이라 언급하기도 했고, 2016에는 활주로가 필요 없는 eVTOL에 대한 관심을 표현하였으며, 2020년에는 영국의 한 산업디자이너의 eVTOL(The Model V) 콘셉트 디자인에 멋지다고 응답하여 화제가 되기도 했다.

일론 머스크는 2018년 9월에 한 팟캐스트에서 '중요한 것은 수직이륙 후 수평비행으로 전환해야 하는 것'이라며 eVTOL 관련 구상을 구체적으로 밝히기도 하였다. 이날 일론 머스크는 eVTOL에 대해 오랜 기간 고민해왔음을 직접 언급하면서 배터리 '에너지 밀도' 이슈를 직접 설명하기도 하였다. 물론, 본인에게 당장 중요한 과제는 '전기차'이고, 이로 인해 eVTOL 설계를 바로 진행할 수 없음도 털어놓았다.

마침 2021년 7월에 글로벌 투자은행인 모건스탠리(Morgan Stanley)의 보고서가 발표되었는데, 테슬라의 eVTOL 개발을 전망하였다. 해당 보고서는 '테슬라가 궁극적으로 eVTOL 및 UAM 시장에 진입하지 않을 가능성은 희박하다'라며 '기술 이전 가능성과 네트워크 인접성이 너무도 강력하다'라고 주장하였다. '테슬라항공은 만약(If)이 아니라, 언제(When)의 이슈'라고 전망하였다.

저자는 강연이나 모임 등에서 테슬라의 eVTOL 개발 및 UAM 시장 진입은 상수일 것이라는 전망을 밝혀왔다. 결국, 시기의 문제라고 보는데, UAM 시장에 관한 테슬라의 경영적 판단 외에도 양산 가능한 배터리의 에너지 밀도가 중요한 변수라고 판단한다. 구체적으로 2020년 8월에 일론 머스크가 트위터 대화 중 날린 답변! "400Wh/kg 'with' high cycle life"를 충족하여 양산되는 시점을 주목하면 답을 찾을 수 있을 것이다. 게임체인저 테슬라의 '시기(When)'에 주목한다.

수많은 UAM항공기가 하늘로…
공역 확보와 UAM교통관리체계가 필요합니다!

2021년 9월에 발표된 〈한국형 도심항공교통(K-UAM) 운용개념서 1.0(이하 'K-UAM 운용개념서')〉는 eVTOL 등 UAM항공기의 안전한 항행을 위해 필요한 교통관리체계를 'UAM교통관리체계'라고 정의하고 있다. 참고로 이전에는 저고도에서 비행하는 드론 등 무인비행장치(UAS)의 교통관리를 의미하는 'UTM(Unmanned aerial system Traffic Management)'을 유사한 의미로 사용하기도 하였다. 〈K-UAM 운용개념서〉에 따르면, 우리나라의 UAM 상용화 단계는 초기(2025~2029년), 성장기(2030~2034년), 성숙기(2035년~)로 구분할 수 있는데, 계획대로 추진한다면 초기에는 수도권을 중심으로 UAM항공기가 항행할 것이며, 성장기에는 수도권은 물론 광역권까지 항행이 확대되며, 원격조종이 도입될 전망이다. 성숙기에는 버티포트가 전국에 구축되고 자율비행이 도입되어 전국으로 UAM항공기가 항행할 것이다. 그런데 한가지 기억할 것은 eVTOL 등 UAM항공기가 항행할 공역이 사실 한정된 자원이어서 이미 수많은 항공기, 경량항공기 등으로 인해 포화상태라는 점이다. UAM 상용화를 위해서는 적절한 공역의 확보와 안정적인 'UAM교통관리체계(UATM)'가 반드시 전제되어야 한다.

여기서 공역의 개념을 간략하게 정리해 보자. 우리나라 항공안전법에 따르면, 국토교통부 장관은 공역을 체계적이고 효율적으로 관리하기 위하여 비행정보구역을 다음과 같이 구분한다.

첫째는 '관제 공역'이다. 항공 교통의 안전을 위해 항공기의 비행 순서와 비행 시기 및 비행 방법 등을 국토교통부 장관 또는 항공교통업무증명을 받은 자의 지시를 받아야 할 필요가 있는 공역으로 관제권 및 관제구를 포함한다. 둘째는 '비관제 공역'이다. 관제 공역 외의 공역을 말하며 항공기의 조종사에게 비행에 관한 조언과 비행정보 등을 제공할 필요가 있는 공역이다. 셋째는 '통제 공역'이다. 항공 교통 안전을 위해 항공기의 비행을 금지하거나 제한할 필요가 있는 공역이다. 넷째는 '주의 공역'이다. 항공기의 조종사가 비행 시 특별한 주의와 경계, 식별 등이 필요한 공역이다.

소개한 공역과 관련하여 K-UAM이 해결해야 할 과제가 있다. 바로 우리나라의 도심, 특히 서울시의 많은 지역이 사실상 비행금지구역이라는 점이다. 분단국가이기에 불가피한 측면이 있는데, 해당 공역에 UAM항공기가 운항할 경우에는 국방부 등 해당 주무관청의 사전 허가가 필요하다. 〈K-UAM 운용개념서〉에는 '초기 상용화 회랑은 안정적인 통신 서비스 도달 고도, 기존 헬기 회랑 및 비행금지구역 현황 등을 고려하여 설정한다'라는 항목이 있다. 그런데 비행금지구역과 관련한 구체적인 언급은 찾아볼 수가 없다. 가령, 서울을 포함한 비행금지구역은 UAM 상용서비스 대상 지역에서 제외한다든지, 잠실이나 삼성동 등 일부 지역의 비행을 허용하고 회랑을 우회하도록 설계한다든지 혹은 성장기부터 비행 허가를 검토한다든지 등의 구체적인 언급이 없는 것이다. 당장 2025년부터 K-UAM 상용화를 시작하기 위해서는 적절한 지역에 버티포트 인프라가 구축되어야 하고, UAM 상용서비스의 예비 주체에게는 비행금지구역에 대한 정보를 제공해야 할 것인데, 구체적인 언급을 확인할 수 없다. 이제 국토교통부는 비행금지구역 및 이와 관련한 회랑의 설계에 대한 구체적인 방안을 수립하고, 필요하다면 사회적인 공론을 모아야 한다. UAM이 정작 서울시 등 '비행금지구역'을 제외하고 상용화가 가능할지에 대한 검토가 필요하다. 적절한 공역의 확보를 선행하지 않고 K-UAM 상용화를 추진한다면, 자칫 또 다른 전시행정 사례로 남을 수도 있다. 한국형 도심항공교통인 K-UAM의 상용화를 위해서는 적절한 공역의 확보와 안정적인 'UAM교통관리체계'가 반드시 필요하다.

승객드론, 우리 사회는 수용할 준비가 되어 있나요?

독자들은 도심항공교통인 UAM을 이용할 의향이 있는가? 도심의 꽉 막힌 도로를 벗어나 UAM항공기에 탑승할 생각이 있는가? 2019년 8월, 한국교통연구원이 인천공항으로 이동하는 수도권 거주자 811명을 대상으로 UAM 이용 의향을 조사한 바 있다. 이에 응답자의 79.9%가 UAM항공기(조사 설문지에는 '에어택시'로 표기됨)를 이용하겠다고 답변하였는데, '시간과 비용을 비교한 후 이용'하겠다는 단서가 있었다. 참고로, 응답자의 평균 이동 시간은 86.5분이었고, 비용은 평균 19,568원이었다. UAM항공기를 이용하지 않겠다고 답변한 응답자는 총 20.1%였는데, 이유는 '위험할 것 같아서 39.9%, 가격이 비쌀 것 같아서 28.2%, 기존 교통수단이 편리해서 16.6%'로 나타났다. 이와 관련하여 저자는 소수의 응답자를 대상으로 구체적인 'UAM 수용성 조사'를 조사한 바 있는데, 총응답자는 157명이었고 조사 기간은 2021년 6~9월까지였다. 독자의 이해를 돕기 위해 질문과 예시 문항은 이 책의 용어 기준에 맞추어 수정하였음을 밝히며, 질문별 조사 결과를 소개한다.

첫 번째 질문은 "한국은 2025년에 UAM 상용화 서비스가 가능할까요? 단, 단순 시연은 제외합니다."이다. 이에 대략 50%가 가능할 것이라 답했고, 30%가 불가능할 것이라 답했다. 불가능이 30%(매우 불가능 포함)에 이른 것은 국토교통부를 비롯한 정부의 추진 계획 발표 대비 구체적인 준비 현황을 일상생활에서 체감할 수 없기 때문으로 보인다. 눈에 보이는 버티포트 등의 인프라가 만들어지지 않았고, 현대자동차와 한화시스템 등 주요기업의 UAM항공기 개발 작업이 미국 등 해외에서 진행되는 것과도 무관하지 않아 보인다.

UAM 수용성 조사 결과 1

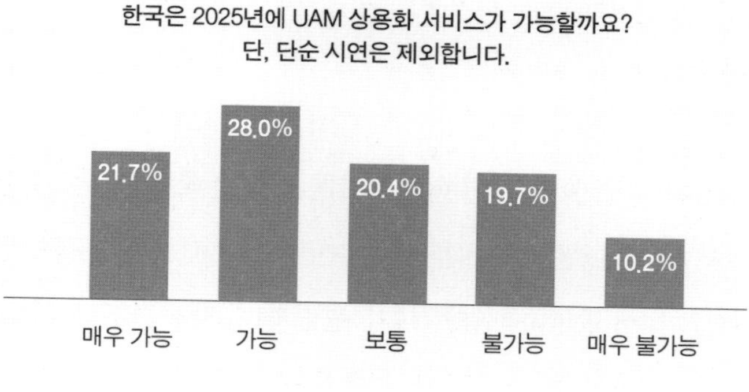

두 번째 질문은 "UAM 상용화 서비스가 시행되면 당신은 '조종

사가 탑승한 UAM항공기'에 탑승하시겠습니까? 단, UAM항공기 초기 이용요금은 모범택시 수준이며, 기체는 5인승으로 당국의 안전 승인을 받았다고 가정합니다."이다. 이에 탑승하겠다는 답변은 76.4%, 탑승하지 않겠다는 답변은 16.6%였다. 이용요금을 모범택시 수준으로 전제하였음에도 탑승하겠다는 답변이 76.4%에 달한 것은 UAM 상용화에 대한 기대가 상당히 높은 수준임을 보여준다.

UAM 수용성 조사 결과 2

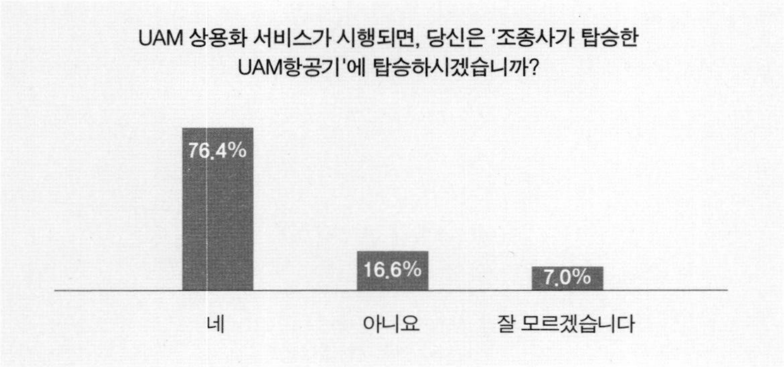

세 번째 질문은 "UAM 상용화 서비스가 시행되면, 당신은 '조종사가 탑승하지 않은 UAM항공기'에 탑승하시겠습니까? 단, UAM항공기 초기 이용요금은 모범택시 수준이며, 기체는 5인승으로 당국의 안전 승인을 받았다고 가정합니다."이다. 자율비행 혹은 원격 조종용 UAM항공기 이용을 전제로 한 질문이다. 이에 탑승하겠다는 답변은 29.3%, 탑승하지 않겠다는 답변은 51.0%, 잘 모르겠다는

답변은 19.7%였다. '조종사가 직접 탑승한 경우' 대비 부정적인 답변이 매우 높았는데, 이는 아직 자율비행에 대한 신뢰도가 낮기 때문으로 해석된다. 자율비행이 이용요금을 낮추기 위한 방편으로 추진하는 과제임을 고려할 때, 향후 자율비행 UAM항공기 개발과 더불어 이용자 신뢰를 높이는 프로그램이 꾸준히 병행되어야 함을 보여준다. 참고로 〈K-UAM 운용개념서〉에 따르면 우리나라는 2030년부터 원격조종 비행, 2035년 이후에는 자율비행이 추진될 예정이다.

UAM 수용성 조사 결과 3

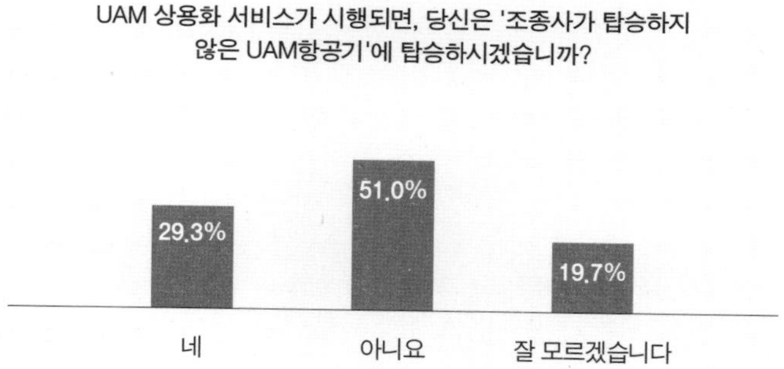

네 번째 질문은 "UAM 상용화 서비스가 시행되면 당신은 '보행자'로서 '조종사가 탑승한 UAM항공기'를 안전하다고 느낄까요? 단, 기체는 5인승으로 당국의 안전 승인을 받았다고 가정합니다."이다. 향후 도시의 하늘을 수없이 비행할 UAM항공기에 대해 '보행자'의 관점에서 안전 여부를 묻는 항목이다. 이에 안전하다

는 답변이 54.1%, 불안하다는 답변이 20.4%, 잘 모르겠다는 답변이 25.5%로 나타났다. 저자는 동일조건에서 실제 탑승하겠다는 답변이 76.4%인 것에 비해 보행자 관점에서는 '안전하다'라는 답변이 54.1%로 낮았고, 오히려 '불안하다'는 답변이 20.4%, 명확한 답변을 유보한 '잘 모르겠다'가 25.5%인 것에 의미를 부여한다. UAM을 향한 기대 수준은 높으나 실제 UAM항공기가 도심 하늘을 비행하는 것에 일말의 불안감을 느끼고 있는 것으로 해석하기 때문이다. UAM 상용화 전후에 시민 불안이 누적되면 아무리 효용성을 강조한들 UAM 상용화는 곧 한계에 부딪힐 것이다. 이용 여부를 떠나 일반 시민들이 UAM을 안전하다고 느끼고 체감할 수 있는 프로그램이 선행되어야 할 것이다.

UAM 수용성 조사 결과 4

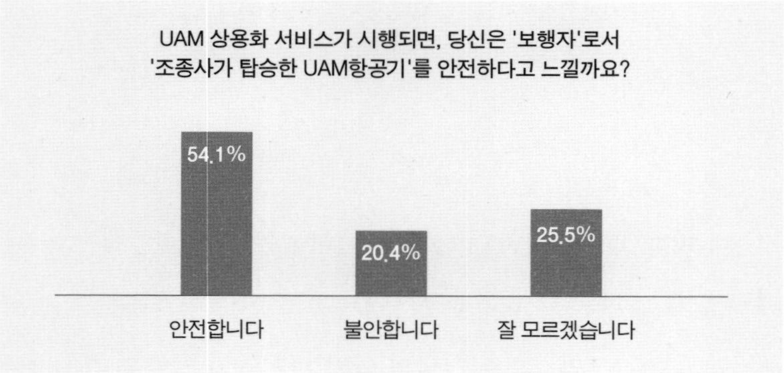

다섯 번째 질문은 "UAM 상용화 서비스가 시행되면 당신은

'보행자'로서 '조종사가 탑승하지 않은 UAM항공기'를 안전하다고 느낄까요? 단, 기체는 5인승으로 당국의 안전 승인을 받았다고 가정합니다."이다. 이에 안전하다는 답변은 23.6%, 불안하다는 답변은 48.4%, 잘 모르겠다는 답변은 28.0%으로 나타났다. 답변 중 '안전하다'라는 답변이 23.6%에 불과한 것은 '보행자' 관점에서의 '자율비행 혹은 원격조종 UAM항공기'에 대한 불안감을 반영한다. 상용화 초기에 조종사가 탑승한 UAM항공기가 안전하게 운항한다면 전반적인 불안감이 다소 완화될 수는 있지만, 기본적으로 자율비행 UAM항공기에 대한 시민들의 신뢰를 높이는 프로그램이 지속적으로 추진되어야 함을 알 수 있다.

UAM 수용성 조사 결과 5

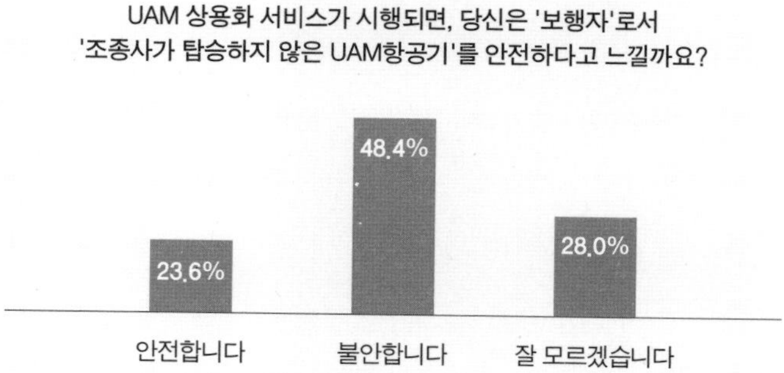

이상 몇 가지 조사 결과를 소개했다. 조사 결과가 독자들의 생각과 일치했는지, 혹은 차이가 있었는지 궁금하다. 저자는 소수의

응답자를 대상으로 구체적인 'UAM 수용성 조사'를 시행하며 우리 사회의 UAM을 향한 기대가 생각보다 높음을 확인할 수 있었고, 더불어 '안전 이슈'의 중요성도 파악할 수 있었다. 조사와 관련한 다양한 인터뷰는 '한대희+UAM' 채널에서 확인할 수 있다.

흥미롭게도 2021년 10월에 글로벌 컨설팅기업 KPMG가 주요 25개 국가의 UAM 준비 수준을 측정하여 '항공 택시 준비 지수(ATRI, Air Taxi Readiness Index)'를 발표한 바 있는데, 수용성, 사회 인프라, 정책 및 규제, 기술과 혁신 등이 핵심 측정 항목이다. 그 결과 우리나라는 미국과 싱가포르, 네덜란드, 영국, 호주, 중국에 이어 종합 7위로 측정되었는데, 구체적으로 '수용성 5.81점(5위), 사회 인프라 4.19점(3위), 정책 및 규제 3.82점(17위), 기술과 혁신 5.59점(8위)'이다. 국가별 UAM 수용도를 평가하는 '수용성'의 경우, 우리나라가 미국, 중국, 싱가포르, 네덜란드 다음 5위로 측정되었다는 점이 눈길을 끈다.

배달드론 부문

장기간 코로나19 팬데믹을 경험하며 전 세계적으로 전자상거래 시장이 빠르게 확대되었는데, 이로 인해 배송 물량이 증가함에 따라 '인력 부족'에 직면하면서 배달드론을 상용화하기 위한 움직임이 한층 빨라지고 있다. 사실 배달드론은 '구매자에게 최종 배달'

을 강조하는 용어로 자주 활용되는 라스트 마일 딜리버리(Last mile delivery)용 드론과 상대적으로 중대형 화물의 장거리 배송용 드론으로 구분이 필요할 수 있다. 이번 장에서는 라스트 마일 딜리버리용 드론은 동일하게 '배달드론', 중대형 화물의 장거리 배송용 드론을 '화물드론'으로 구분하여 서술한다.

배달드론 관심 기업을 소개합니다

아마존 프라임 에어(Amazon Prime Air) "배달드론, 화물드론 관심 기업(서비스)"

2013년, 대표적인 전자상거래 기업 아마존의 창업자 제프 베이조스(Jeff Bezos)는 '아마존 프라임 에어' 추진 계획을 발표한다. 아마존 프라임 에어는 아마존의 드론 배달 서비스로써 30분 이내에 구매자에게 배송하도록 설계된 미래 배송 시스템이다. 제프 베이조스는 2013년 12월 미국 방송 인터뷰에서 '2018년까지'라는 나름의 구현 기한을 제시하기도 하였는데, 미국에서 규제로 인해 시험 배송이 여의치 않자 아예 영국에서 서비스를 준비하는 열정을 보인다.

실제로 아마존은 2016년 12월에 영국 케임브리지에서 드론 배달에 성공했다고 발표하였고, 2019년 6월에는 '2019 re:MARS' 콘퍼런스에서 육각형 모양의 신형 드론을 공개하기도 하였다. 이 신형 드론은 30분 내 최대 2.2kg(5파운드)의 배송품을 24km(15mile)까지 배송할 수 있다고 하는데, 아마존에서 판매하는 물품의 상당수가 2.2kg(5파운드) 미만이기에 효용성이 클 것으로 보인다. 이와 관련해 CNN은 아마존이 FAA로부터 Part 135 인증을 획득하여 미국 내 비가시권 장거리 드론 배달 서비스가 가능해졌음을 보도하기도 했다. 그런데 이렇게 아마존이 배달드론 선도기업으로 주목받던 중, 한 언론에서 충격적인 폭로기사가 터진다. '아마존 프라임 에어에서 이미 100명이 넘는 직원이 실직했으며, 2016년 이후 영국에서 추진된 드론 배달 사업의 미래가 불확실해졌다'라는 내용이었다. 그러나 이 기사에서 저자의 눈길을 끈 것은 배달드론의 배달 방식에 대한 부분이었다. 상당수 배달드론 기업이 '목적지 상공의 드론에서 줄에 매달린 배송품을 마당이나 주차장으로 내려보내는 방식으로 배송함'에 반해, 아마존은 '배송지의 집 밖으로 배송품을 내려보낸 후 지상에서 물품을 보관하는 방법'을 연구했다는 점이다. 이로 인해 배송품의 포장 시스템은 무거워졌고, 무거운 포장 시스템이 지상으로 내려가던 중 혹시라도 길 위의 사람에게 부딪힐 위험을 제거하는 데에 어려움이 있었다고 한다. 지상 위 마지막 2m 상공에서 '안전'을 확보하고 배송하는 과제에 명확한 해결책을 내놓지 못한 가운데, 의사결정의 혼선이 더해지면서 폭로기사가 터진 셈이다.

이 과정을 지켜보며 저자는 아마존이 어떤 해결책을 내놓을지 궁금하다. 배달드론이 넓은 마당이나 주차장 위주의 배달을 넘어 도심으로 확장되기 위해서는 아마존의 과제나 고민이 충분히 의미가 있다고 판단하기 때문이다. 제프 베이조스가 제시했던 기한은 훌쩍 넘겼지만, 아마존이 적절히 타협하거나 포기하기보다는 새로운 해결책을 제시할 수 있기를 기대한다. 초기 배달드론 선도기업인 아마존을 관심 기업으로 소개한다.

윙(Wing) "배달드론 관심 기업(서비스)"

2021년 8월 배달드론 역사에 상징적인 결과가 발표되었다. 구글의 모기업인 알파벳이 운영하는 드론 배달 서비스 업체 윙이 배달드론 누적 배달 10만 건을 돌파한 것이다. 2014년 이후 시범배달을 거쳐 2019년부터 호주에서 서비스를 시작한 윙은 브리즈번 외곽의 중소도시 로건에서만 5만 건 이상의 배달 실적을 기록했다. 로건은 교외에 주택가가 많아 드론 비행에 방해가 되는 고층 건물이 적고, 주문자의 위치를 특정하여 접근하는 것이 수월한 지역이다. 이에 윙은 '전 세계에 미국 뉴올리언스, 영국 멘체스터, 이탈리아 피렌체 등 로건과 규모가 유사한 도시가 수백 개 있고, 무려 20억 명 이상이 인구수 50만 이하의 도시에 살고 있다'라며 도심 외곽의 중소도시로 드론 배달 서비스 확대 방침을 밝힌 바 있다.

구글의 자매기업인 윙은 2019년 4월에 첫 번째로 FAA의 Part 135(Single pilot air carrier certificate for drone operations) 인증을 획득한 후 같은 해 10월에 'Standard Part 135' 인증까지 획득하였다. 참고로 FAA의 배달드론 인증과 관련하여 일반적으로 'Part 107'이 알려져 있는데, 저술 시점을 기준으로 Part 107은 위험물 배송이 항상 금지되는 등의 여러 제약 조건이 붙은 반면, 'Part 135' 인증을 획득하면 비가시권을 포함하여 광범위한 드론 배달 서비스가 가능하다. 호주는 물론 미국과 핀란드로 서비스 지역을 확장하며 꾸준히 실적을 쌓고 있는 윙을 관심 기업으로 소개한다.

UPS 플라이트 포워드(UPS Flight Forward) "배달드론, 화물드론 관심 기업(서비스)"

UPS 플라이트 포워드는 드론 배송에 중점을 둔 UPS의 자회사로, 2019년 7월에 설립되었다. 이들은 설립 직후인 2019년 10월에 놀랍게도 FAA의 'Standard Part 135' 인증을 최초로 획득하고, 미국 노스캐롤라이나주에서 인증 후 첫 드론 배달을 수행하였다. 이후 코로나19 팬데믹을 경험하며, 별도 콜드체인 포장을 활용하여 코로나19 백신의 드론 배달서비스도 수행하였다.

UPS 플라이트 포워드는 '베타 테크놀로지스(Beta Tech-nologies)'의 장거리용 eVTOL 구매 계획을 발표하였는데, 화물배송을 본격 준비하는 모습이다. 사실 모기업인 거대 물류기업 UPS는 '탄소중립'에 부응하기 위해 화물드론은 물론 전기동력 배송 차량을 적극적으로 이용하고 있는데, 전 세계적으로 1만 3,000대 이상의 저공해 배송 차량을 배치하고 있다. 이러한 모기업 UPS와 연계하여 화물드론 활용을 위한 인증 및 드론 구매 계획을 실행에 옮기고 있는 UPS 플라이트 포워드를 주목할 만한 배달드론 기업으로 소개한다.

월마트(Walmart) "배달드론 관심 기업(서비스)"

소매유통의 강자, 월마트를 소개한다! 2020년 9월, 월마트는 배달드론 스타트업인 집라인(Zipline)과 제휴하여 2021년부터 드론 배달을 시작한다고 발표하였는데, 이미 앞서 발표한 스타트업 플라이트렉스(Flytrex)와의 제휴와도 맥을 같이 한다. 이는 앞서 8월에 경쟁사인 아마존이 자회사를 통해 FAA로부터 'Part 135' 인증을 획득했다는 발표에 대응하는 차원으로 보여졌다. 유통업계 강자인 월마트와 아마존이 배송 서비스를 강화하기 위해 '드론 배달 서비스' 경쟁을 본격화한 사례 중 하나이다.

구체적으로 월마트는 이스라엘의 스타트업인 플라이트렉스와는 식료품과 생필품 등을 드론 배달 서비스하고, 아프리카 지역에서 의료용품 배달드론으로 검증된 집라인과는 의료 및 건강 제품을 드론 배달한다는 계획이었다. 사실 월마트는 이전에도 드론업(DroneUp), 퀘스트 다이내그노스틱(Quest Dinagnostic) 등과 협업하며 코로나19 진단키트를 가정으로 보내는 시범 드론 배달 서비스를 꾸준히 진행하고 있었다.

월마트는 배달드론을 자체 제작하기보다는 준비된 스타트업과의 투자 및 제휴를 통해 드론 배달 서비스의 실제 효용성을 다양하게 검증하는 전략을 구사하였는데, 실제 2021년 11월 들어 실질적인 드론 배달서비스를 시작하였다. 드론 배달은 미국 남부지역 아칸소주의 월마트 점포에서 시작되었으며 인근 지역으로 점차 확대될 예정이다. 드론 배달 가능 품목은 위생용품, 체온계, 의약품 등 수천 가지인데 초기 배송 방법은 역시 드론이 목적지로 이동하여 상공에서 줄에 매달린 배송품을 내려보내는 방식이다. 준비된 스타트업과의 제휴를 통해 배달드론 서비스를 시행하는 월마트! 이들이 도심으로 배달 지역을 확대해 나갈 수 있는지 주목하며, 관심 기업으로 소개한다.

릴라이어블 로보틱스(Reliable Robotics) "화물드론 관심 기업"

릴라이어블 로보틱스는 '무인비행 시스템' 전문 스타트업으로 2017년 7월에 테슬라와 스페이스X 출신들이 모여 창업했다. 이들은 세계에서 가장 많이 팔린 경비행기 세스나 172(Cessna 172)의 기체 수정 작업에 착수하여 2019년 9월에 '조종사가 탑승하지 않는 무인비행'에 성공하고, 2020년 6월에는 세스나 208의 자동 착륙에 성공한다.

릴라이어블 로보틱스는 2021년 7월, NASA 'AAM 내셔널 캠페인'에 시연을 위한 비행 파트너로 선정되어 기술력을 인정받았는데, 같은 해 10월에는 1억 달러 투자금(시리즈 C 펀딩) 확보도 발표하였다. 총투자금은 1억 3,300만 달러이다.

최근 릴라이어블 로보틱스는 자체 항공화물 서비스 운영 계획을 밝힌 바 있다. 아예 항공화물 서비스를 직접 운영하며 자신들의 기술력을 실증하려는 시도로 보이는데, 기존 항공기를 무인 항공기로 개조하여 화물드론 등으로 활용하려는 수요에 부응할 수 있을지 관심이다. 새로운 시도를 과감하게 펼쳐가고 있는 릴라이어블 로보틱스를 관심 기업으로 소개한다.

베타 테크놀로지스(Beta Technologies) "화물드론, 승객드론 관심 기업"

베타 테크놀로지스는 2017년에 창업한 eVTOL 스타트업으로 '최대한 가볍고 단순해야 안전하며 효율적이다'라는 디자인 철학으로 '알리아(Alia)'를 개발하고 있다. 승객드론 시장에 먼저 진입하지 않고, 의료용 긴급수송이나 UPS의 화물 배송 등과 같은 화물드론 시장으로의 진입을 준비하고 있으며, 2021년 3월에는 시제기 알리아 250을 통해 플래츠버그공항에서 챔플레인 호수를 지나 본사가 있는 벌링턴국제공항에 착륙하는 50분여 시험비행에 성공했다고 발표했다. 알리아의 세부 사양은 다음과 같다.

항공기 유형	eVTOL
수용 인원	승객 2인 및 화물
프로펠러	이착륙용 4개, 전방 비행용 1개
전기모터	5개
목표 비행가능거리	500km(250miles)
탑재하중	2,720km(6,000lb)
전원	배터리(1시간 충전)
날개	15m(50ft) 높이의 아치형 날개
꼬리	큰 V자형
착륙 장치	고정식 스키드
안전 기능	분산전기추진으로 하나의 이착륙용 프로펠러가 작동을 멈추어도 안전하기 비상 착륙이 가능하다. 동체 위에 프로펠러를 배치해 승객과 승무원의 부상을 방지한다.

출처: Beta Technologies ALIA, eVTOL News

베타 테크놀로지스의 알리아

출처: 위키미디어 커먼스(저작자: BETA Technlologies/CC BY-SA 3.0)

2021년 4월에는 앞서 소개한 UPS와 eVTOL 10대 판매 계약이 발표되었는데, 최대 150대까지 판매 옵션이 있는 계약으로 2024년에 인도할 계획이다. 연이어 같은 달에 미국 블레이드와 승객드론 eVTOL 20대 판매 계약도 발표되었다. 2024년부터 인도할 계획인데, 블레이드는 미국 동북부 지역에서 2025년부터 UAM 상용서비스를 시작할 계획이다. 베타 테크놀리지스는 버티포트 구축 계획도 발표한 바 있는데, 컨테이너 및 강철 트러스, 항공기용 중고 배터리 등을 이용해 실용적으로 건축하는 방식이다. 중장거리 화물드론을 염두에 둔 것으로 보이며, eVTOL의 급속 충전은 물론 조종사들과 현장 근무자들이 대기하거나 숙박이 가능한 시설을 구비하는 버티포트이다.

저자 외에도 베타 테크놀로지스를 주목하는 이가 제법 많은 듯한데, '최대한 가볍고 단순해야 안전하며 효율적이다'라는 디자인 철학으로 화물드론을 거쳐 승객드론을 준비하는 베타 테크놀로지스를 관심 기업으로 소개한다.

엘로이 에어(Elroy Air) "화물드론 관심 기업"

엘로이 에어는 2016년 미국에서 창업한 항공운송 시스템 전문 스타트업으로, 화물드론은 물론 '자동 화물처리 시스템' 등을 개발하고 있다. 엘로이 에어는 '하이브리드-전기 VTOL 화물드론' 시제기인 채퍼럴(Chaparral)을 공개하였는데, 100kg 이상의 화물을 480km(300mile)까지 운송할 수 있다고 한다. 채퍼럴의 세부 사양은 다음과 같다.

항공기 유형	하이브리드-전기 VTOL 화물드론
조종 유형	자율비행

수용 인원	승객 0인
화물 적재/하역	자동
적재 가능 화물 크기	내부 공간 기준 넓이 2.4X0.53m, 높이 40.64cm
화물 중량	100~225kg(250~500lb)
최대 비행가능거리	480km(300miles)
프로펠러	수직이착륙용 6개, 전방 비행용 1개
전기모터	7개
동력	하이브리드-전기
필요 착륙 공간	6대의 차량 주차 공간
착륙 장치	바퀴 달린 착륙 장치
안전 기능	분산전기추진으로 1개 또는 2개의 이착륙용 모터/프로펠러가 작동을 멈추어도 작동 중인 모터/프로펠러가 안전하게 착륙시킬 수 있다.

출처: Elroy Air Chapparral, eVTOL News

2021년 1월, 엘로이 에어는 혁신적인 항공기를 활용하여 항공 서비스가 부족했던 지역의 주민이나 화물들을 안전하고 편리하게 이동시키기 위한 미국 NASA의 'AAM 내셔널 캠페인'에 화물 운송 파트너로 참여하며 이목을 끌었다. 이어 2021년 8월에는 시리즈 A 펀딩으로 4,000만 달러의 투자금을 확보를 발표한 바 있는데, 주요 투자자는 록히드 마틴의 벤처 캐피털 자회사 등이며 총투자금은 4,800만 달러에 이른다.

엘로이 에어는 국방 분야 판매를 위해 2022년부터 본격적으로 미국의 공군과 해군 등과 시험비행을 시작할 예정이며, 상업적 운영을 위해 FAA의 인증도 준비하고 있다. 2021년 물류대란을 경험하며 더욱 관심을 모은 엘로이 에어가 FAA 인증 관련 소요 시간을 얼마나 단축할 수 있을지 주목한다. 화물드론은 물론이고 '자동 화물처리 시스템'까지 일괄 제공 가능한 엘로이 에어를 관심 기업으로 소개한다.

집라인(Zipline) "중장거리 & 배달드론 관심 기업(서비스)"

배달드론 업계의 유명기업, 집라인을 소개한다! 집라인은 2014년에 창업한 의약품 드론 배달 전문 스타트업으로서 배달드론의 설계와 제조는 물론, 드론 배달 서비스를 직접 운영하고 있다. 전 세계인에게 주요 의료품을 빠르게 배송하는 것이 목표라고 하는데, 이미 미국 외에 르완다와 가나 등지에 물류센터를 열어 드론으로 1,600만 km(1,000만 mile) 이상의 거리를 자율비행하여 200만 회분의 백신과 15만 건의 의약품·혈액 등의 드론 배달을 진행하였다.

집라인은 2016년부터 르완다에서 의약품과 혈액 배송 서비스를 시작했는데, 르완다 곳곳에 드론 이착륙장 역할을 하는 드론 포트를 설치하고, 배달드론 수십 대를 투입했다. 구급차를 이용하면 대략 4시간가량 소요되던 의약품·혈액 배송이 드론을 이용하자 15~45분으로 대폭 단축되었다. 조종사가 드론을 직접 조종하는 대신 특정 지역을 오가는 셔틀 개념이었는데, 목적지에 도착하면 낙하산에 매달린 의약품 상자를 투하한 뒤 돌아오는 방식이었다.

집라인의 배달드론

출처: 위키미디어 커먼스(저작자: Roksenhorn/CC BY-SA 4.0)

2019년 4월에는 가나에도 물류센터를 열고 드론 배달 서비스를 시작하는데, 배달하는 의약품의 종류는 150여 개, 배달하는 병원은 2,000개에 이르렀으며, 코로나19 팬데믹이 한창이던 2020년에는 '노반트 헬스(Novant Health)'와 협력해 미국 내 최초의 장거리 의약품 배달 서비스를 수행하기도 하였다. 당시 FAA는 관련 인증을 긴급 면제한 바 있다.

집라인은 2020년 9월에 월마트와 제휴하여 미국 내에서 드론 배달 서비스를 추진한다고 발표하였는데, 비처방 의약품이나 건강제품 등이 주 배달 대상이다. 2021년 3월에는 도요타 그룹 계열사인 도요타통상과 제휴하여 일본 내 드론 배달서비스 진출을 발표하기도 하였다. 집라인은 2021년 6월에 2억5천만 달러의 투자금 확보를 발표하였는데, 기업 가치를 27억5천만 달러로 평가받았으며, 2011년 창업 후 총 4억8천만 달러 이상의 투자금을 확보하였다.

일찌감치 아프리카 등지에서 의약품 드론 배달 서비스를 시작하여 상당한 실적과 명성을 축적하고 있으며, 드론 배송 지역을 빠르게 확장하고 있는 집라인을 관심 기업으로 소개한다.

볼란시(Volansi) "화물드론 관심 기업"

볼란시는 테슬라의 운영 분석가 출신의 해넌 파비지안(Hannan Parvizian)과 미국의 전기차 스타트업 루시드 모터스(Lucid Motors) 출신의 웨슬리 젱(Wesley Zheng)이 설립한 VTOL 드론 스타트업이다. 해넌 파비지안은 '테슬라에 근무하며 특정 부품을 신속하게 서비스센터로 보내야 하거나, 다시 창고로 되돌려 보내는 일상적인 물류 작업이 얼마나 자주 발생하는지 목격하면서 드론 배달 서비스의 가능성을 확인하게 되었다'라고 밝힌 바 있다.

볼란시는 2020년 9월에 5,000만 달러의 투자금을 유치하며 주목받았고, 2021년 7월에는 바다 위 선박에서 또 다른 선박으로 드론 배달에 성공하며 화제가 되었다. 미국 플로리다주 키웨스트 해안에서 진행된 드론 배달에는 볼란시의 화물드론인 '볼리 10(VOLY 10)'과 '볼리 20(VOLY 20)'이 사용되었는데, 볼리 10은 67km(42mile) 범위에서 4.5kg(10파운드)를 운반할 수 있으며, 볼리 20은 8개의 모터를 사용하여 560km(350mile)를 비행해 9kg(20파운드)의 화물을 운반할 수 있다. 이는 원격조종 화물드론을 통해 열악한 바다 위 환경에서 선박 간 드론 배달에 성공한 최초 사례이기도 하다. 일정 기간 FAA의 'Part 107' 인증이 면제되었고, 화물드론의 새로운 가능성을 보여준 볼란시를 관심 기업으로 소개한다.

드론업(DroneUp) "배달드론 관심 기업(서비스)"

저자의 관심 기업, 드론업이다. 월마트가 투자한 배달드론 스타트업! 2021년 6월 FAA의 '비가시권 비행을 위한 항공 규칙 제정 위원회' 위원으로 선정된 스타트업! 2021년 말, 에어맵(AirMap) 인수를 발표한 스타트업, 드론업이다.

드론업은 2016년 미국에서 창업한 스타트업으로, 저자의 전작 《드론공유서비스》에서 소개한 비즈니스 모델과 상당히 유사한 서비스를 선보인다. 가령 미국 내 드론조종사와 드론 조종 관련 일자리, 단기 작업을 연결하는 플랫폼을 제공하는 것이다. 드론업은 최근 월마트의 배달드론 파트너로 더욱 주목받으며, 2021년 11월에 들어 실질적인 드론 배달 서비스에 성공하였다. 참고로 드론업이 인수한 에어맵은 '드론 항공관제 시스템' 스타트업으로 2015년 미국에서 창업해 드론 개발사와 드론조종사들이 비행항로에서 안전하게 운행할 수 있도록 지역별 비행 조건 및 영공규정 정보 제공 서비스를 시행하고 있으며, FAA, NASA는 물론 미국과 유럽의 여러 기관과 공동으로 소프트웨어를 개발하고, 연간 7만 5,000회 이상의 안전한 비행을 돕고 있다.

초기에 드론 플랫폼 서비스로 주목받고, 일정 기간 FAA의 'Part 107' 인증을 면제받았으며, 월마트와 제휴한 드론 배달 서비스로 더욱 주목받고 있는 드론업을 관심 기업으로 소개한다.

플라이트렉스(Flytrex) "배달드론 관심 기업(서비스)"

플라이트렉스는 2013년에 이스라엘에 창업한 배달드론 스타트업으로 2017년부터 아이슬란드 레이캬비크에서 드론 배달 서비스를 운영하고 있으며, 2020년에 미국 노스캐롤라이나주 페이엣빌에서 드론 배달 서비스를 시작해 현재 홀리 스프링스 등지로 서비스를 확장하는 중이다.

플라이트렉스의 배달드론

출처: 위키미디어 커먼스(저작자: HadasBandel/CC BY-SA 4.0)

플라이트렉스는 2021년 11월에 시리즈 C 펀딩으로 4,000만 달러의 투자금을 확보하였는데, 창업 이후 총 6,000만 달러의 투자금을 유치한 기업이다. 소매업체 및 현지 식당과 제휴해 서비스를 확장할 것이라 밝혔으며, 오랜 파트너인 코지 에비에이션(Causey Aviation Unmanned)과 협력해 배달드론 서비스를 수행하고 있다. 참고로 코지 에비에이션은 50년 넘게 노스캐롤라이나에 본사를 두고 있는 항공기의 관리 및 임대, 유지보수 기업이다. 서비스는 이용자들이 플라이트렉스 앱으로 월마트나 스타벅스 및 인근 식당에 음식을 주문하면 배달드론이 음식을 싣고 목적지의 마당이나 주차장에 배송품을 내려보내는 방식이다. 관련하여 2021년 2월 이후 미국 노스캐롤라이나주에서는 플레이트렉스 주문량이 10배 이상 증가했다는 보도가 있었다.

일정 기간 FAA의 'Part 107' 인증을 면제받았으며, 배달드론 실적을 충실히 쌓아가고 있는 플라이트렉스를 관심 기업으로 소개한다.

드론 딜리버리 캐나다(Drone Delivery Canada) "배달드론, 화물드론 관심 기업(서비스)"

드론 딜리버리 캐나다는 2011년 창업한 화물드론 스타트업으로 드론 기반 물류 시스템 설계와 개발, 구현에 주력하고 있다. 이와 관련하여 2021년 4개의 특허를 내어 총 6개의 특허를 보유하고 있으며, 중소벤처기업을 대상으로 하는 캐나다 증권거래소의 TSX.V

Exchange에 상장되어 있다. 드론 딜리버리 캐나다의 드론 '스패로우(Sparrow), 로빈XL(Robin XL), 콘도르(Condor)'의 사양을 소개한다.

스패로우	
최대 이동거리	30km
최고 속도	80km/h
최대 탑재하중	4.5kg
최대 이륙중량	25kg
전기모터	8개
이착륙 소음	100dB

로빈XL	
최대 이동거리	60km
최고 속도	105km/h
최대 탑재하중	11.3kg
최대 이륙중량	80kg

콘도르	
최대 이동거리	200km
최고 속도	120km/h
최대 탑재하중	180kg
최대 이륙중량	476kg

이 중 콘도르는 헬리콥터형이며, 각각의 사양에 따라 배달드론 및 화물드론으로 운영이 가능하다. 자체 종합 물류시스템을 활용해 창고에서 창고까지 안전한 화물 운송 서비스를 제공하는 캐나다의 대표적인 화물드론 스타트업 드론 딜리버리 캐나다를 관심기업으로 소개한다.

피피스트렐(Pipistrel Aircraft) "화물드론 관심 기업"

피피스트렐은 1989년 슬로베니아에서 창업한 경비행기 제조 기업으로, 2007년 세계 최초의 100% 전동식 2인석 글라이더를 출시하고 2015년에 1시간 이내의 짧은 훈련을 위한 eCTOL 항공기 '알파 일렉트로(Alapha Electro)'를 개발했다. UAM과 관련해서는 2017년에 우버와 파트너십을 체결한 바 있으며, 2018년에는 eVTOL 개념도를 공개하기도 하였으나, 돌연 2019년 11월에 하이브리드-전기 화물드론에 집중하겠다고 선언한다. 아마도 화물드론을 거쳐 승객드론으로 진입하는 것이 현실적이라고 판단한 듯하다. 피피스트렐은 하이브리드-전기 화물드론으로 '누바 V20(Nuuva V20), 누바V300(Nuuva V300)' 등의 시제기를 선보이는데, 누바 V20은 상대적으로 소형 화물드론이다. 여기에서는 누바 V300의 세부 사양을 소개한다.

항공기 유형	하이브리드-전기 VTOL 화물드론
조종	자율비행
화물칸 크기	3.65X0.85X1m
경제적인 순항 속도	165km/h(103mph)
빠른 순항 속도	100~225kg(250~500lb)
내구성	최대 12시간
비행가능거리	300km(186miles)
최대 비행가능거리	2,500km(1,553miles)
최대 고도	2,438km(8,000ft)
최대 이륙중량	1,700kg(3,750lb)
탑재하중	300kg(660lb)

최대 탑재하중	460kg(1,104lb)
프로펠러	수직이착륙용 8개, 전진비행용 1개
전기모터	8개
내연기관	고효율 FADEC 엔진 1개
동체	탄소 섬유 합성재질
총길이	11.3m(33ft,1in)
동체 길이	9.3m(30ft,6in)
높이	3.1m(10ft)
날개	앞날개가 낮고 뒷날개가 높은 탠덤 날개
착륙 장치	4개의 짧은 다리
안전 기능	분산전기추진으로 1개 또는 2개의 모터/프로펠러가 멈추더라도 작동 중인 모터/프로펠러가 안전하게 착륙시킬 수 있다.

출처: Pipistrel Nuuva V300, eVTOL News

피피스트렐은 누바 V300이 작동의 단순성, 다양한 운송에 적합한 유연성, 낮은 운영비용 등의 차별화된 강점을 보유한 화물드론이라고 소개하며, 2023년 서비스 개시(EIS)를 목표로 하고 있다. 경비행기는 물론 전기동력 항공기 제조 경험까지 두루 갖춘 피피스트렐을 관심 기업으로 소개한다.

윙콥터(Wingcopter) "배달드론 관심 기업"

윙콥터는 2017년 독일에서 창업한 스타트업으로 드론을 활용한 측량과 검사, 드론 제조 기술을 보유한 기업이다. 특허 받은 틸트로터 기술을 기반으로 178×132×52cm의 크기에 탑재하중 5kg의 윙콥터 178(Wingcopter 178)을 양산해 주목받았다. 2021년 1월에 시리즈 A 펀딩으로 2,200만 달러를 확보했으며, 2021년 4월에 최대 3개의 운송품을 탑재해 여러 목적지에 각각 배송이 가능한 윙콥터198(Wingcopter 198)을 선보였다. 윙콥터 198의 사양은 다음과 같다.

항공기 유형	eVTOL
조종	자율비행
크기	198X152X65cm
탑재하중	5kg
로터	8개(4개는 틸드로터)
비행가능거리	5kg의 운송품 탑재 시 최대 75km

출처: 윙콥터 홈페이지

윙콥터의 배달드론

출처: 위키미디어 커먼스(저작자: Akash 1997/CC BY-SA 4.0)

윙콥터의 윙콥터 198

출처: 위키미디어 커먼스(저작자: JB0397/CC BY-SA 4.0)

배달드론 제조 기술력을 보여주며 지속적인 도전을 이어가는 윙콥터를 관심 기업으로 소개한다.

만나 드론 딜리버리(Manna Drone Delivery) "배달드론 관심 기업(서비스)"

2021년 3월, 삼성전자는 아일랜드에서 신규 출시한 스마트폰을 드론으로 배달하는 서비스를 선보였다. 당시 드론 배달 서비스를 담당했던 기업이 '만나 드론 딜리버리(이하 '만나')'이다.

만나는 2018년 아일랜드에서 창업한 배달드론 스타트업으로 2020년부터 아일랜드의 중소도시인 골웨이에서 드론 배달 서비스를 시작했다. 골웨이의 도심 테스코 건물 위에 이착륙장을 구축한 후 현지 식당과 제휴해 식음료를 드론 배달하는 방식이었다. 이에 창업자이자 CEO 바비 힐리(Bobby Healy)는 2021년 3월, 언론과의 인터뷰를 통해 '하루 50~100건의 드론 배달 서비스가 이루어지고 있다'라고 밝힌 바 있다. 만나의 드론은 이륙 후 50~80m 상공에서 시속 80km로 비행하며 대략 3분 만에 배송한다.

만나는 2021년 4월에 2,500만 달러의 투자금을 확보하고, 같은 해 5월에 EU 최초로 아일랜드항공청인 IAA가 발급하는 LUC(light UAS operator certificate)를 발급받는다. LUC의 유효기간은 2년이었지만 이를 통해 EU 전역으로 배달할 수 있는 기반을 마련했다. 이렇게 아일랜드에서 차곡차곡 배달 실적을 쌓아가며 LUC 인증까지 취득한 만나를 관심 기업으로 소개한다.

중국 주요기업

중국은 드론 산업의 후발주자임에도 불구하고 정부의 전폭적인 지원으로 드론 제조를 포함한 관련 산업을 빠르게 성장시키고 있다. 배달드론 분야에는 매우 많은 기업이 참가하고 있는데, 그중 '메이투안(Meituan), 어러마(Ele.me), 징동닷컴(JD.com), SF 익스프레스(SF Express), 네오릭스(Neolix), 앤트워크(Antwork)'가 주요기업으로 꼽힌다.

특히 메이투안은 소비재는 물론이고 엔터테인먼트, 식사, 여행, 배달 등을 위한 쇼핑 플랫폼을 운영하며 지난 2년간 중국의 대도시 전역에서 약 8,000여 명의 이용자에게 1만 9,000여 건의 음식을 드론 배달했는데, 앱으로 주문하면 인근 거리의 키오스크로 배달하는 방식이다. 메이투안의 경쟁자로는 음식 배달 플랫폼 어러마가 있다. 어러마 또한 2018년 이후 다양한 드론 배달을 시도하고 있다. 그리고 온라인 쇼핑몰 징동닷컴은 2018년에 최대 840kg의 화물을 배송할 수 있는 화물드론 'JDY-800'을 출시하고, 2020년 12월에 자체 개발한 배달드론 'JDY-500'으로 첫 배송에 성공한다. 이 외에 특별 수송 기업인 SF 익스프레스도 2031년까지 앞서 소개한 피피스트렐로부터 화물드론을 구매하는 등 VTOL 화물드론을 1,000여 대까지 보유할 전망이다. 더불어 자율주행 기술을 접목한 드론 배달을 시도한 네오릭스와 무인차량을 결합한 '자동배송 네트워크' 구축을 시도한 바 있는 물류 스타트업 앤트워크의 행보도 주목할 만하다.

드론 배달이 교외의 넓은 마당에 배송하는 방식을 넘어서 향후 아파트 등 고층 건물이 밀집한 도시 지역으로의 서비스를 확장하기 위해서는 중국 배달드론 기업의 다양한 시도에 주목할 필요가 있다.

기타

저자가 배달드론 관심 기업으로 스크랩하는 기업 중 미처 소개하지 못한 기업들이 제법 있다. 앞서 승객드론 관심 기업으로 소개한 '벨 텍스트론, 볼로콥터, 이항, 현대자동차' 등은 이미 배달드론 혹은 화물드론을 제조 완료하였거나 개발 중이며, 에리트(Aerit), 두산모빌리티이노베이션, 드로나믹스(Dronamics), 플러티(Flirtey), 플라잉바스킷(FlyingBasket), H3 다이내믹스(H3 Dynamics), 매터넷

(Matternet), 프테로다이내믹스(PteroDynamics), 사브레윙 에어크래프트(Sabrewing Aircraft), 스카이포트(Skyports), 스웁 에어로(Swoop Aero) 등은 저술 시점을 기준으로 제조 혹은 서비스 측면에서 관심 기업으로 스크랩하고 있다. 배달드론은 상대적으로 제조나 서비스 측면으로 진입이 용이해 많은 기업이 뛰어 들고 있어 자료 정리조차 쉽지 않다. 저자는 향후 유통기업이나 물류기업이 화물드론 도입을 시도하고 발표할 거라 전망한다. 이미 DHL은 드로나믹스와 제휴해 화물드론 도입을 구체적으로 준비하고 있다. 전체적인 추진 경과를 주시하며 다음 기회에 추가 소개하기로 한다.

배달드론, 우리 사회는 수용할 준비가 되어 있나요?

독자들은 배달드론, 소위 '드론 택배'를 이용할 의향이 있는가? 이와 관련하여 저자가 시행한 'UAM 수용성 조사' 결과를 소개한다. 총응답자는 157명이었고 조사 기간은 2021년 6~9월까지이다. 독자의 이해를 돕기 위해 예시 문항은 일부 수정하였으며, '라스트 마일 딜리버리용 배달드론'에 집중한 조사 결과를 소개한다.

첫 번째 질문은 "한국은 2025년에 배달드론 도시 지역 상용화 서비스가 가능할까요? 단, 도서·해안 등 일부 서비스 및 단순 시연은 제외합니다."이다. 이에 응답자의 '매우 가능' 포함 총 61.8%가 가능하다고 답했다. 승객드론보다 배달드론의 실현 가능성을 높이

평가한 것인데, 언론매체를 통해 종종 드론 택배가 소개되며 관심과 기대가 반영된 것으로 보인다. 물론 앞서 소개한 바와 같이, 배달드론의 경우 많은 지역에 상용서비스가 시행되고 있다.

UAM 수용성 조사 6

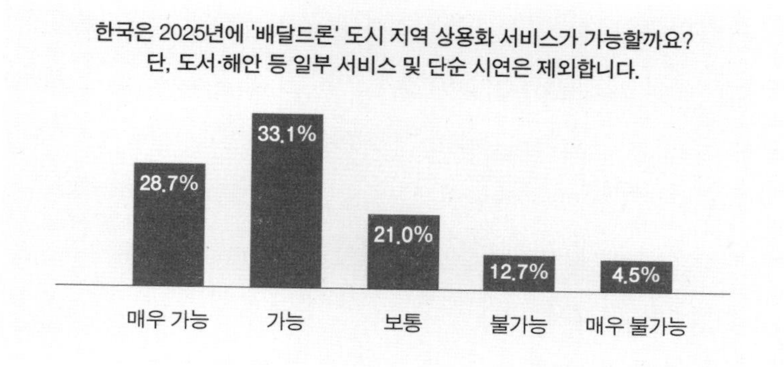

두 번째 질문은 "도시 지역 배달드론 상용화 서비스가 시행되면 배달드론이 우리의 머리 위로 비행하게 됩니다. 당신은 머리 위로 날고 있는 드론에 대해 안전하다고 느낄까요? 단, 배달드론의 고도는 120~150m이며, 당국의 안전 승인을 받았다고 가정합니다."이다. 이에 답변은 '안전하다 총 49.6%, 불안하다 총 23.0%, 보통이다 27.4%'로 나타났다. 저자는 불안하다고 응답한 23.0%에 주목한다. 다소 막연한 불안감으로 치부될 수 있겠지만, 당국의 안전 승인을 받았음에도 머리 위로 비행하는 배달드론에 시민 불안이 누적된다면 제아무리 효용성을 강조한들 배달드론 상용화는 곧 한

계에 부딪힐 것이기 때문이다. 세심한 하늘길 설계와 배달드론의 안전기준 수립, 그리고 이용 여부를 떠나 일반 시민들이 배달드론을 안전하다고 체감할 수 있는 프로그램이 병행되어야 할 것이다.

UAM 수용성 조사 7

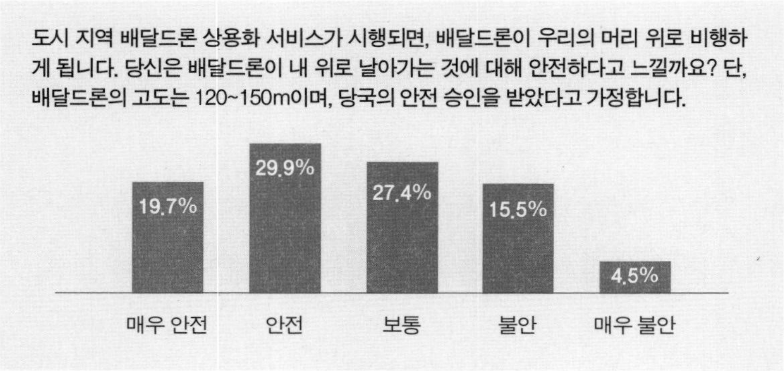

마지막 질문은 “도시 지역 배달드론 상용화 서비스가 시행되면 당신은 배달드론 서비스를 이용하시겠습니까? 단, 초기 배달드론 이용요금은 기존 배송료 대비 2배가 소요되며, 주문 후 2시간 이내에 배송된다고 가정합니다.”이다. 흥미롭게도 응답 결과가 첫 질문의 경우와 상당히 유사한데, ‘이용한다는 답변이 총 61.8%이고, 이용 안한다는 15.9%’였다. 이용요금을 기존 배송료보다 2배 높을 것으로 전제하였음에도 이용하겠다는 답변이 높은 것은 배달드론 사용 서비스에 대한 기대가 상당히 높은 수준임을 보여준다.

다만, 배달드론 해외사례를 보았을 때 대부분 도심 외곽의 한적한 지역을 대상으로 한다는 점에 주목해야 하는데, 아직은 고층 건물이 밀집한 도시 지역에서의 드론 배달 서비스는 확인하기 어렵다. 결국 도시 지역 드론 배달 서비스 솔루션을 제시하는 기업이 시장을 확장할 것으로 보이는데, 고층 건물 옥상에 별도의 수납 장치를 설치하거나 키오스크, 공중전화 부스, 우편함 등을 활용하는 방안 등이 두루 모색되고 있다. 더불어 비나 바람 등 다양한 기상 여건 속에서도 '지속 가능한 드론 배달 서비스' 솔루션을 제공하는 기업도 상용화를 선도해 나갈 것이다. 저자는 초기 배달 드론 선도기업인 아마존이나 월마트는 물론 상대적으로 자국 기업에 대한 규제가 덜한 중국 기업의 다양한 시도 등에 주목하고 있다.

UAM 수용성 조사 8

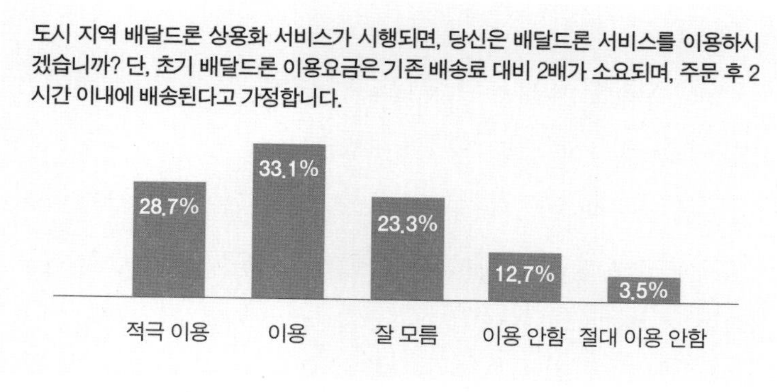

이렇게 '배달드론' 관련 수용성 조사 결과를 살펴보았다. 'UAM 수용성 조사'와 관련하여 다양한 영상 인터뷰는 저자의 '한대희+UAM' 채널에서 확인할 수 있다.

3

UAM 상용화 가능한가요?

최근 국내외에서는 UAM 관련 보고서나 백서, 언론 기사 등이 쏟아지고 있다. 단순한 전망을 넘어 주요기업이나 정부 당국의 다양한 UAM 상용화 시도를 담고 있는데, 아쉬운 것은 워낙 역동적인 변화가 펼쳐지다 보니 일부 기업의 단편적인 사례를 토대로 일방적인 주장을 서술하거나 장밋빛 시장 전망을 나열하는 경우도 종종 발견된다는 점이다. 정작 글로벌 주요기업들의 일목요연한 추진 현황이나 UAM 상용화 가능성을 종합적으로 분석한 자료는 찾아보기 어려운데, 관련 사업을 검토하거나 추진하는 기업, 기관, 투자자는 물론 미래 일자리를 준비하는 독자들에게는 여간 아쉬운 게 아닐 것이다.

이에 저자는 미국 국가정보위원회가 4년마다 발표하는 〈글로벌 트렌드〉를 시작으로 전 세계 주요기관의 발표 자료를 기반한 글로벌 탄소중립 이슈의 등장 배경부터 전기차 전성시대의 개막, 친환경 전기동력 이동수단의 중요성을 서술하였고, 이 과정에서 자연스럽게 이어지는 '친환경 전기동력 이동수단 UAM의 부상'에 대해서도 소개하였다. 2장에서는 '글로벌 주요기업의 UAM 추진 현황'을 업체별로 정리하였는데, 수많은 해외기업의 동향을 일일이 파악하는 게 쉽지 않았지만 가능한 한 최근의 추진 현황을 두루 담고자 노력하였다. 우리나라의 UAM 추진 현황 파악을 위해서는 K-UAM을 주도하고 있는 국토교통부의 미래드론교통담당관과 사전 인터뷰하였고, 지방자치단체 중 강원도청 전략산업과장과 인터뷰하였다. 탄소중립과 관련해서는 한국환경공단의 수도권 동부환경본부장과 사전 인터뷰하였으며, 별도로 2021년 6월부터 실시한 'UAM 수용성 조사'를 실시한 바 있다. 이 책의 출간 이후 주요 변화에 대해서는 저자의 '한대희+UAM' 채널 등을 통해 꾸준히 업데이트할 계획이다.

이번 3장에서는 UAM 상용화 핵심 이슈를 '안전, 소음, 경제성, 일자리 충돌, 사생활 침해, 접근성(기존 대중교통과 연계), 배터리 기술, 전력 인프라'로 압축한 후, 이를 하나하나 점검하는 과정에서 '지속 가능한 UAM 상용화' 방안을 모색하고자 한다. 승객드론을 중심으로 서술함을 양해 바란다.

장밋빛 시장 전망?

유럽의 대표적인 전략 컨설팅기업 롤랜드 버거(The Roland Berger)는 '2050년에 전 세계적으로 16만 개 이상의 UAM항공기가 운영될 것이며, UAM 시장 규모는 900억 달러에 이를 것이다'라고 전망한 바 있다. 이들은, UAM항공기의 서비스 유형을 크게 '도시 안(City Taxi), 도시 간(Inter City), 공항 셔틀(Airport Shuttle)' 세 가지로 구분했다.

첫 번째 '도시 안'은 15~50km 반경에서 버티포트간 주문형으로 운영되는 경우인데, 2050년에는 대략 10%의 비중을 차지하며 연간 90억 달러의 시장이 형성될 거라 예상했다. 두 번째 '도시 간'은 50~250km 반경에서 정기 노선으로 운영되는 경우다. 약 40%의 비중을 차지하며 360억 달러의 시장이 형성될 거라 보았다. 세 번째 '공항 셔틀'은 15~50km 반경에서 공항과 각 버티포트 간 정기 노선으로 운영되는 경우다. 무려 50%의 비중을 차지하고 450억 달러의 시장이 형성될 것으로 전망한다. 현실감을 높이기 위해 서울을 중심으로 예를 들어 소개한다.

2050년에는 서울 안에서 UAM항공기를 이용자의 주문에 따라 택시처럼 수시로 이용하는 비중이 10%이고, 서울에서 인천국제공항까지 정기적으로 이용하는 비중이 50%에 이를 것이다. 서울에서 세종, 서울에서 대구 또는 광주, 부산 등으로 정기 노선을 이용하는 비중은 40%이다. 생각보다 택시처럼 수시로 이용할 수 있는 '도시 안' 이용 전망은 낮은 편이지만, '도시 간' 또는 '공항 셔틀'의 이용 전망은 높지 않은가? 이대로 진행될지는 지켜봐야 하지만, 기본적으로 UAM항공기의 승하차 장소인 버티포트가 얼마나 촘촘히 구축되느냐에 따라 비중의 차이가 발생할 것이다. UAM항공기를 이용하기 위해 또 다른 교통수단으로 이동하는 시간이 시간이 길어진다면, 편의성이나 효용성이 떨어지기 때문이다.

또 다른 독일의 컨설팅기업 포르쉐 컨설팅(Porsche Consulting)은 2035년 UAM 시장 규모를 320억 달러로 전망하며, 이를 위해서는 2035년까지 200억 달러 이상이 투자되어야 한다고 전제한다. 구체적으로는 신규 산업인 UAM이 뿌리 내리려면 UAM항공기 개발사에 대한 투자뿐 아니라 전 세계 60개 도시에 대략 1,000~2,500개의 버티포트 구축에 대한 투자가 이루어져야 한다고 주장한다. 그래야만 최소 50만 명 이상의 이용자가 UAM항공기를 이용할 수 있는 기존 조건이 충족되는 것이고, 이 경우는 2030년 이후부터 투자금 회수도 가능할 것으로 분석하고 있다. 장밋빛 시장 전망이 실현되기 위해서는 '버티포트' 등의 인프라 구축이 전제되어야 하는 것이다.

흥미롭게도 포르쉐 컨설팅은 UAM 시장을 '틈새시장'으로 표현하는데, 자동차나 항공기를 포함한 전 세계 모빌리티 시장 규모가 7,800억 달러이고, 10억 대의 자동차가 거리에 있으며 35,000여 대의 민간 헬리콥터가 운행 중임을 고려한 것이다. UAM 산업에 관심 있는 독자라면 포르쉐 컨설팅의 해당 보고서를 직접 확인해 보길 권한다. 장밋빛 시장 전망으로만 치부하기 어려운 규모 전망과 그에 따른 주요 전제조건을 서술하고 있다. 자연스럽게 '상용화 핵심 이슈 점검'으로 넘어가 보자.

상용화 핵심 이슈 점검

이제 상용화 핵심 이슈를 항목별로 간결하게 정리하는 과정을 통해 '지속 가능한 UAM 상용화 방안'을 모색해 보자. 저자가 별도로 진행한 'UAM 수용성 조사' 결과를 상용화 핵심 이슈와 연계하여 소개한다. 조사 응답자는 157명이고 조사 기간은 2021년 6~9월이다.

질문은 "UAM 상용화를 위해 극복해야 하는 위험 요인이 있습니다. 2025년까지 해결하기 어렵다고 판단하는 위험 요인이 있다면 체크해 주세요.(중복 체크 가능)"와 "도시 지역 배달드론 상용화 서비스 시행을 위해서는 극복해야 하는 위험 요인이 있습니다. 2025년까지 해결하기 어렵다고 판단하는 위험 요인이 있다면 체크해 주세요.(중복 체크 가능)"이다. 독자의 이해를 돕기 위해 질문이나 예시 문항을 이 책의 용어 기준에 맞추어 일부 수정했다. 더불어 EASA에서도 'UAM 수용성 조사(Study on the societal acceptance)' 결과를 발표한 바 있는데, EU 시민들이 UAM에 대해 가지는 높은 기대와 그 이면의 우려가 구체적으로 표현되어 있다. 이 책을 준비하는 저자에게도 참조가 되었는데, 조사 결과에 나타난 'EU 시민들의 우려 사항'도 간략히 소개하겠다. EASA의 'UAM 수용성 조사' 결과는 EASA 홈페이지에서 확인할 수 있다.

안전

가장 먼저, '안전'이다! UAM 상용서비스가 시작되면 UAM항공기는 기존 항공기와 달리 도심의 상공을 비행하고, 도심 버티포트에서 수시로 이착륙할 것이다. 한국은 2030년 이후 원격조종, 2035년 이후에는 자율비행까지 도입할 예정인데, 계획대로 추진된다면 2030년 이후에는 조종사 없는 승객드론(드론택시)도 운영될 것이다. 긍정적으로 보면 항공기에 탑승하기 위해 굳이 도심 외곽의 공항으로 이동할 필요 없이 합리적인 비용으로 도심 내에서 바로 탑승할 수 있으며, 꽉 막힌 도심 도로를 빠르게 벗어나 이동할 수 있다. 게다가 배달드론은 도로정체나 주차 걱정 없이 다양한 운송품을 하늘 위로 배달할 것이다. 커피나 도시락을 배달할 수 있고, 온라인 쇼핑몰에서 주문한 생활용품을 신속하게 배달할 수도 있다.

누군가에게는 영화에서 보았던 풍경이 현실 세계에서 펼쳐진다는 것만으로도 흥분될 일이고, 편리함을 넘어 생활반경이 크게 넓어질 것이다. 그러나 누군가는 내 머리 위로 UAM항공기나 배달드론이 비행하는 것에 거부감을 가질 수 있다. '내 머리 위로 비행하는 UAM항공기나 배달드론이 갑자기 고장 나면 어떻게 되는 거지?', '혹시라도 도심을 비행하는 UAM항공기가 고층빌딩에 부딪히는 사고가 발생하면 안 되는데', '수많은 UAM항공기가 서로 충돌하는 사고가 발생하면 어쩌지' 싶은 것이다.

'안전'에 대한 우려는 저자가 진행한 'UAM 수용성 조사'에서도 나타났는데, 승객드론 76.4%, 배달드론 63.1%로 각각 나타났다. UAM에 우호적이고 직접 탑승할 의향을 밝힌 응답자일지라도 안전에 대해서는 우려하는 것으로 나타났다. 이는 UAM을 앞장서서 추진하고 있는 EASA가 시행한 'UAM 수용성 조사' 결과에도 유사하게 나타났다. '안전' 항목 우려 응답자가, 승객드론 관련 37%, 배달드론 44%로 나타났는데, 주어진 여러 예시 항목 중 6개까지 선택 가능한 질문이었다. 구체적인 수치는 조사 대상자 선정이나 응답자 수, 조사 방식, 구체적인 질문 문항 등에 따라 차이가 있을 수 있지만, 가장 높은 수준이라는 점에서는 유사한 결과였다.

이유가 무엇일까? 아무래도 새로운 UAM항공기가 도심에서 수시로 내 머리 위를 비행한다는 것 자체가 낯설고 생소한 풍경이기에 기대 여부를 떠나 이질감 혹은 우려를 피할 수 없을 것이다. 사실 '안전'은 UAM 산업의 초기 리더였던 우버가 2016년 발행한 백서 'Fast-Forwarding to a Future of On-Demand Urban Air Transportation'에서도 극복해야 할 장벽으로 제시된 바 있다.

당시 우버는 UAM항공기를 대표하는 eVTOL이 사망자 수를 기준으로 자동차보다 안전해야 함을 주장했었다. 미국 연방항공규정인 FARs(Federal Aviation Regulations) Part 135에 따르면 '통근 및 주문형 항공편'의 평균 사망률이 자가용보다 높은 편임이었음도 우버는 eVTOL은 이를 대폭 낮출 수 있다는 신념을 보여주었다. 신념을 뒷받침하는 주요 근거 중 하나가 바로 분산전기추진 기술인데, 분산전기추진 기술을 통해 eVTOL에서 작동하는 여러 개의 모터 중 한두 개가 작동을 멈출지라도 안전하게 비상 착륙이 가능하도록 설계하자는 것이었다. 다만 당시에는 이를 상용화한 항공기가 없는 것이 실제 위기(real risk)라고 기록하고 있다. 이러한 우버의 주장은 지금도 상당한 영향을 미치고 있는데, 앞서 소개한 바와 같이 글로벌 주요기업들이 개발하는 eVTOL 대부분은 분산전기추진 기술을 채택하고 있다.

분산전기추진 기술이 모든 안전을 담보할 수 없기에 eVTOL 제조기업들은 안전을 위해 추가 기술을 개발하고 있는데, 감항당국이 이를 적절히 인증절차에 반영하는 것이 중요할 것이다. 이미 미국 등지에서는 인증절차에 돌입한 사례가 속속 발표되고 있는데, "안전하지 않으면 띄우지 않겠다"라는 국토교통부 미래드론담당관의 인터뷰가 기억에 남는다. 저자의 '한대희+UAM' 채널에 방문하면, 해당 인터뷰 내용을 확인할 수 있다. 너무도 중요한 '안전'은 제조기업은 물론 감항당국의 역할이 매우 중요하다.

끝으로 UAM항공기의 교통관리체계인 'UAM교통관리체계(UATM)'가 세심하게 구성되어야 한다. UAM항공기가 도심 하늘을 비행하는 만큼, 다양한 고층건물을 하나하나 고려한 하늘길 회랑의 설계를 전제로 세심하게 정비된 교통관리체계가 구성되어야 한다. 혹여라도 '안전'을 이유로 이것저것 막거나 금지하면, 아무것도 하지 말자는 결론이 도출될 수 있음도 기억해 두자!

소음

이제 '소음'이다! 현대사회는 워낙 많은 소음에 노출되어 있기에, 소음으로 인한 다툼이나 분쟁이 자주 발생한다. 거리의 소음은 말할 것도 없고 거주지 주변 소음도 심각한 이슈인데, 아파트 층간 소음은 사회적 문제로 대두된 지 오래다.

향후 UAM 상용서비스가 시작되면 도심 하늘에서 UAM항공기가 비행하고, 도심 내 버티포트로 이착륙할 것이다. 이로 인한 소음이 유발될 것인데, 버티포트 인근 시민들에게 피해를 줄 수 있다. 기존 공항은 대부분 도심 외곽에 위치하지만, 버티포트는 도심 내에 위치하기에 소음으로 인한 피해가 생각보다 클 수도 있다. 이러한 우려는 저자가 진행한 'UAM 수용성 조사'에서도 찾아볼 수 있는데, '소음'에 대한 우려가 승객드론 21.7%, 배달드론 17.8%로 각각 나타났다. 이는 EASA가 시행한 'UAM 수용성 조사' 결과에도 발견할 수 있는데, 승객드론 관련 38%, 배달드론 28%로 높게 나타났다.

해결 방안은 있는 것일까? 소음 역시 UAM 산업의 초기 리더였던 우버가 2016년 발행한 백서에 극복해야 할 장벽으로 제시되어 있다. 우버는 UAM 확산을 위해서는 소음억제가 특히 중요하다고 보았다. eVTOL 소음 수준을 생활 소음과 섞일 수 있을 만큼 낮추는 목표를 제시하였는데, 제시된 소음 수준은 중형 트럭의 절반 이하이다. 구체적으로 15m 거리에서 75~80dB, 150m 상공에서 62dB인데, 우리 일상대화의 소음 수준이 60dB, 버스나 지하철, 식당의 소음 수준이 80dB이다.

우버가 제시한 소음 기준은 지금도 큰 영향력을 발휘하고 있다. 실제 글로벌 주요기업 중 볼로콥터의 eVTOL 소음 수준을 살펴보면, 원조 모델인 볼로콥터 2X(Volocopter 2X)를 기준으로 30m 상공에서 76dB(착륙 기준), 75m 상공에서 65dB(호버링)이다. 볼로콥터의 백서 2.0에서는 볼로시티의 소음 수준을 공개하고 있는데, 30m 상공에서 65dB, 120m 상공에서 65dB이다. 비교 대상인 헬리콥터(Bell 407)는 120m 상공에서 87dB, 대형 화물차 이동소음은 85dB(50km/h)이다. 물론, 우버가 제시한 UAM항공기 소음 기준만으로 소음 이슈가 해결되는 것은 아니다. UAM은 UAM항공기 외에도 버티포트의 승하차나 충전 관련 소음 등이 발생할 수 있는데, 도심 내 버티포트 구축 시에도 소음억제 방안을 충분히 고민해야 한다. 소음은 이제부터 지속적으로 관찰하며 감소방안을 모색해야 하는 이슈이다.

경제성

이번에는 '경제성'이다! 사실 경제성은 이용자, UAM항공기 제조사, UAM운항자, 버티포트 운영자 등 다양한 주체별로 언급할 내용이 다를 것인데, 본서에서는 UAM운항자 측면의 경제성을 점검하고자 한다. 비행계획을 수립하고 UAM항공기의 운항 및 운용, 관리의 주체가 UAM운항자인데 기존 항공산업에서 대한항공, 카타르항공, 유나이티드항공 등의 항공사를 연상하면 이해에 도움이 될 것이다. UAM 상용화가 시작될 경우, UAM운항자의 경제성이 확보되어야 차질 없는 서비스가 가능할 것이다. 최근 글로벌 eVTOL 제조기업들은 자사의 eVTOL 판매를 위해 UAM운항자의 경제성 추정 자료를 하나둘 제시하고 있는데, 저자는 릴리움 자료를 통해 경제성을 점검하고자 한다. 앞서 릴리움을 승객드론 관심기업으로 소개한 바 있는데, 주력 모델은 7인승(7인석) 릴리움 제트이다.

2021년 6월에 릴리움에서 발표한 자료에 따르면, 7인승 릴리움 제트는 대당 판매 가격이 2,500,000달러이고, 비행가능 연수가 8년이다. 릴리움은 몇 가지 가정을 하는데, 다소 복잡할 수 있지만 연이어 소개한다. 이용자요금은 마일당 2.25달러, 평균 좌석 점유는(조종사 좌석 제외) 총 6석 중 4.5석, 하루에 25회 이내 운항(총 10시간 이내), 유지보수 등을 위해 항공기를 사용하지 않은 기간은 연간 10%, 연간 평균 비행거리는 800,000km(500,000mile) 등이다. 자, 이 모든 가정이면 매출액 산정이 가능한데, 대당 일일 매출액이 15,000달러이고, 연간 매출액은 대략 5,000,000달러가 된다. 산출된 매출액을 전제로 릴리움에서 추정하여 제시한 인프라 비용 및 조종사 인건비, 유지보수 등의 '고정비(50%)'와 배터리 교체비용, 전기료 등의 '변동비(50%)'를 대입하면(고정비와 변동비의 구체적인 산정 내역을 확인할 수 없어 아쉽지만) 예상 수익률이 25%이다. 이 경우 7인승 릴리움 제트를 구매하여 운영한 UAM운항자의 투자회수기간은 2년이라고 한다. 제시된 마일당 2.25달러의 요금은 서울시 여의도에서 인천국제공항 거리가 45km(30mile)라고 가정할 때, 이용자요금이 대략 8만 원(달러 환율 1,192원 기준)이 된다. 참고로 요금은 이용자별 요금인데, 2명의 일행이 탑승하여 이동하였더라도 각자 요금을 납부해야 한다. 저자가 강의를 진행하다 보면, 간혹 드론택시, 에어택시 등 '택시'라는 용어로 인해 혼동하는 경우가 있다.

간략하게 7인승 릴리움 제트에 기반한 UAM운항자의 경제성을 점검해 보았다. 릴리움의 자료가 독자들에게 도움이 되었는지 궁금하다. 용어가 생소하여 다소 복잡하게 느끼는 독자도 있겠지만, 이러저러한 가정을 통해 UAM운항자가 7인승 릴리움 제트를 구매한 후 투자금(구매금)을 회수할 수 있는 기간을 산정한 것이다.

사실 투자회수기간은 조정이 가능하다. 신규 사업계획을 수립해 본 경험이 있는 독자라면 공감할 수 있겠지만, 예를 들어 요금을 마일당 2.25달러에서 4.5달러로 높이면 투자회수기간은 1년 전후로 줄어들게 된다(이용자 감소를 논외로 한 채). 동일조건에서 매출액이 2배 늘어나는 만큼, 투자회수기간도 단축되는 것이다. 여기에 고민이 있다. 릴리움은 평균 좌석점유를 총 6석 중 4.5석으로 가정하였는데, 평균 좌석점유가 4.5석이면 하루 25회 운항은 물론 1년 내내

만석에 가까워야 한다는 가정이다. 특정 구간이나 특정 시간대라면 가능할 수 있겠지만, 평균 좌석점유 4.5석은 실현하기 어려운 가정이다. 혹여라도 좌석을 채우기 위해 대기 시간이 길어지면 운항 횟수가 줄어들거나 이용자 불만이 커질 수 있다. 나아가 평균 좌석 점유 4.5석을 유지하지 못한 상태로 운항횟수마저 줄여야 한다면, 투자금 회수는 요원할 수도 있다. 저자가 릴리움의 자료를 기반으로 경제성을 검토한 이유 중 하나는 릴리움 제트의 7인승 좌석수가 글로벌 주요기업들이 개발 중인 eVTOL 좌석수 대비 가장 많은 편에 속하기 때문인데, 가령 또 다른 주요기업인 볼로콥터의 주력모델 볼로시티는 2인승이고 조종자 좌석을 제외하면 탑승 가능한 좌석수가 1석이다. 참고로, 단순히 기체의 좌석수를 늘리는 것은 전체적으로 탑재하중이 높아져 더 많은 전력을 필요로 하고 자칫 이착륙 시 높은 소음 발생으로 이어질 우려도 있다.

이래저래 초기 UAM운항자의 초기 경제성 확보가 쉽지 않을 수도 있겠다. 기본으로 돌아가 UAM 상용서비스가 선순환하기 위해서는 수요가 많은 대도시에서 시작하여 UAM항공기의 운용 효율을 높일 필요가 있다. 앞서 저자는 서울시의 많은 지역이 사실상 비행금지구역에 속한다는 점을 서술한 바 있다. 분단국가이기에 불가피한 측면이 있는데, 국토교통부는 '비행금지구역' 및 이와 관련한 하늘길 회랑의 설계에 대한 구체적인 방안을 공개하고, 필요하다면 사회적인 공론을 모아야 할 것이다. 혹여라도 '의견 충돌'을 우려하여 쉬쉬하거나 형식적인 절차로 대체한다면, 새로운 시도나 변화는 요원해질 수 있다. 이는 초기 UAM운항자의 경제성은 물론이고 '지속 가능한 UAM 상용서비스'의 경제성을 좌우할 중요 이슈이다.

일자리 충돌

'일자리 충돌'에는 오랜 역사가 있다. 저자가 전작에서도 소개한 사례를 서술한다.

1865년 영국에서는 자동차의 등장으로 인해 피해가 발생하는 마차업계를 보호하기 위해 제정된 법안이 있었다. 증기자동차가 출시되면서 마차업자들의 항의가 계속되자 제정된 법안인데, 기존의 마차 사업을 보호하고 마부들의 일자리를 지키기 위해 시행된 법이었다. 이 법에 따르면 한 대의 자동차에는 반드시 운전사, 기관원, 기수 등 3명이 '일'하도록 했고, 그중 기수는 낮에는 '붉은 깃발', 밤에는 '붉은 등'을 들고 자동차 앞에서 선도하도록 했다. 자동차를 운행하기 위해서는 '붉은 깃발'을 든 기수가 자동차 앞에서 선도하도록 해야 한다는 것인데, 결국 자동차가 마차보다 빨리 달리기 어렵게 만드는 '규제'가 되었다. 이 법이 바로 '붉은 깃발법(The Locomotives on Highways Act)이다. 붉은 깃발법은 1896년까지 약 30년간 유지되면서 소비자들의 자동차 구매 욕구를 감소시키는 주된 원인이 되었고, 산업혁명의 발상지였던 영국은 자동차를 먼저 만들고도 자동차산업의 주도권을 독일·미국·프랑스 등에 내주었다.

생각해 보면, 붉은 깃발법이 제정될 당시에도 나름의 이유와 '명분'이 있었을 것이다. 증기자동차의 출시로 인해 마차업자들의 항의는 거세었을 것이고, 실직을 우려하는 마부들의 시위도 격렬했을 것이다. 이에 기존 마차업계와 증기자동차업계가 상생할 수 있도록 자동차의 필수 고용 인원을 명시한 것이고, 고용된 기수는 깃발이나 등을 들고 자동차를 선도하도록 '규제'했을 뿐이다. 붉은 깃발법이 자동차의 출시를 아예 불허한 것은 아니었고, 안전한 운행에도 도움이 되었을 것이다. 그러나 영국에서 증기자동차는 마차보다 느리게 달려야 했고, 자동차산업의 주도권과 그에 따른 일자리는 독일·미국·프랑스 등으로 넘어가 버렸다. 독자들은 위 사례에 대해 어떻게 생각하는지 궁금하다. 그저 오래전 사례일 뿐인가?

UAM 상용서비스가 시작되면 승객드론이나 배달드론이 등장할 것이고, 본격화되면 관련 일자리도 늘어날 것이다. 이로 인해 영향을 받는 일자리도 있을 텐데, 가령 택시업계나 택배업계 등을 생각해 볼 수 있다. 물론, 유관 업계에 영향을 줄 수 있을 만큼 승객드론이나 배달드론이 폭넓게 운영되었을 때를 가정한 우려이다. 아직 섣부른 감이 있지만, 실제 EASA의 'UAM 수용성 조사' 결과에는 '일자리 충돌' 우려가 표현되어 있었다. 승객드론 16%, 배달드론 30%인데, 상대적으로 배달드론 관련 '일자리 충돌' 우려가 높다는 점이 인상적이다. 이는 저자가 별도로 진행한 조사에서도 각각 12.1%, 17.2%로 나타났는데, 배달드론 관련 우려가 높았다.

관계 당국은 다소 이른 감이 있지만, UAM 상용서비스 진행 상황을 주시하면서 일자리 전환방안을 섬세하게 준비할 필요가 있다. '윈윈'이면 좋겠지만, 상생을 빌미로 규제를 쏟아내며 새로운 시도나 변화를 막는 악수(惡手)를 두지 않았으면 하는 바람이다.

사생활 침해

정찰·촬영·방제·측량·재난구조·레저 등 드론 활용 분야가 늘어나고, 드론 사용인구가 늘어나면서 드론으로 인한 '사생활 침해' 사고가 발생하고 있다. 이 때문인지 UAM 상용서비스와 관련한 조사에서도 '사생활 침해' 우려를 확인할 수 있었는데, EASA의 'UAM 수용성 조사'에서 승객드론 19%, 배달드론 30%로 '사생활 침해' 우려 결과가 나타났다. 상대적으로 배달드론 관련 우려가 큰데, 저자가 별도로 진행한 조사에서도 승객드론 21.7%, 배달드론 24.8%로 유사한 결과를 확인할 수 있었다. 향후 UAM 상용서비스, 특히 배달드론 서비스 시행 시 관리·감독을 시스템화하고, 배달드론을 빙자한 사생활 침해나 사고에도 적극적으로 대비해야 한다.

접근성(기존 대중교통과 연계)

이제 '접근성(기존 대중교통과의 연계)'이다! 기본적으로 UAM은 'End-to-End' 모빌리티가 아니다. UAM은 대중교통의 일부이고,

eVTOL등을 '개인용 항공기(PAV)'로 사용하는 경우는 논외이다. UAM항공기를 이용하기 위해서는 인근 버티포트로 이동해야 하고, 역시 목적지 인근의 버티포트에서 하차하여 이동해야 한다. 기본적으로 UAM항공기에 대한 수요가 높은 위치에 버티포트를 구축해야 하고, 지하철 등 기존 운송수단과의 연계를 세심하게 구성하여 접근성을 높여야 한다.

관련하여 저자가 전작에서 소개한 사례가 있다. 바로 2007년 서울시의 교통정체를 해결하고자 시행된 '한강 수상택시' 사례이다. 출퇴근 시간이면 꽉 막힌 서울시의 도로정체를 해결하고자 한강에 수상택시를 띄워 빠르게 이동하자는 계획이었는데, 시행 전에는 하루 평균 이용객이 2만 명에 달할 것으로 전망되는 등 의욕적으로 시작되었다. 그러나 몇 년 뒤인 2011년에 하루 평균 이용객이 77명에 불과했고, 그나마 2019년에는 하루 평균 이용객이 5명에 불과할 정도로 외면을 받았다. 이유가 무엇일까? 이용률이 떨어진 데에는 여러 요인이 있겠지만, 주된 요인은 접근성이 떨어졌던 것이었다.

수요가 높은 위치에 선착장이 없거나, 연계 교통편이 부족하다 보니 이용자의 외면을 받았다. 초기에 출퇴근이나 급한 업무로 이용했던 시민들도 몇 차례 이용한 후 여타 운송수단 대비 경쟁력이 부족하다고 판단했을 것이다. 이에 서울세계불꽃축제와 같은 단기 성수기에는 수요가 폭증하여 예약이 조기 마감되지만, 나머지 기간에는 이용자의 외면을 받는 상황이 반복되었다. 저자는 '한강 수상택시'가 괜찮은 아이디어라고 생각한다. 지하철 등 기존 운송수단과 연계가 편리하도록 선착장이 구축되고, 현재의 차량공유가 연계 교통편으로 추가 서비스되었다면 전혀 다른 결과가 도출되었을 것이라 생각한다. 본론으로 돌아가 UAM 상용서비스는 광범위한 수요 조사를 선행하여 구축이 수월한 지역보다는 수요가 높은 위치에 버티포트를 구축해야 하고, 지하철이나 차량공유 등 기존 운송수단과의 연계가 편리하도록 구성하여 접근성을 높이는 작업을 선행해야 할 것이다. 더불어, 시행 초기부터 MaaS 3단계 이상 서비스가 가능하도록 조율하여 연계 운송수단 간 예약이나 결제의 '편리함'을 이용자가 경험토록 하는 것이 중요하다.

배터리 기술

'배터리 기술'이다. 앞서 저자는 테슬라의 UAM 진입 가능성을 언급하며 "400Wh/kg 'with' high cycle life"의 중요성을 서술한 바 있다. 에너지 밀도 '400Wh/kg'의 배터리를 초고속 양산할 수 있는 시점이 중요하다는 의미인데, 활용 시에는 대표적인 UAM항공기인 eVTOL의 비행가능거리가 대폭 확장될 것이다.

배터리의 에너지 밀도와 더불어 저자가 주목하는 것은 '교체식 배터리'이다. 대부분 전기차는 고정 배터리를 내장하고 방전된 배터리를 충전하여 사용한다. 특별한 문제가 없는 한 배터리를 교체하지 않는다. 그러나, 중국은 '배터리 교환소'에서 미리 충전된 배터리로 교체하는 방식의 충전 모델을 국가정책 차원에서 추진하고 있다. 중국은 2020년 5월에 내놓은 국무원 연간 업무보고에서 전기차 '배터리 교환소' 권장 방침을 밝히면서 이를 '신 인프라' 중 하나로 규정한 바 있다. 중국 자동차업계도 배터리 교환 사업에 적극적으로 대응하고 있는데, 중국의 전기차 스타트업인 니오는 원하는 고객에게 전기차의 배터리를 떼어낸 후 판매하고 있다. 고객은 배터리가 제외된 차량을 저렴한 가격에 구매한 후 배터리를 리스하여 사용하는 방식이다. 기존의 배터리 충전 시간이 교체 시간으로 대폭 단축되는 특장점이 있다. 교체식 배터리는 UAM 상용서비스를 준비하는 과정에서 충분히 고려할 만한 방식이다. 배터리 충전 시간이 교체 시간으로 대폭 단축되기에 운항 간 대기 시간을 최소화하여 운용 효율을 높일 수 있다. 참고로 글로벌 주요기업 중 볼로콥터의 주력 모델인 볼로시티는 '교체식 배터리' 방식을 적용하고 있다.

배터리 기술 역시 우버가 2016년 발행한 백서에서 극복해야 할 장벽으로 제시된 바 있다. 당시에 느린 충전 속도가 UAM항공기의 운용 효율을 낮추고 경제성을 떨어뜨리는 요인이라고 지적한 바 있는데, 워낙 역동적인 배터리 기술의 변화 추이와 더불어 교체식 배터리 방식에 대한 전략적 검토가 필요하다.

전력 인프라

2021년 10월! 전 세계가 탄소중립 경제로의 대전환을 고민하며 신재생에너지에 대한 관심이 높아가던 와중에 동시다발적인 에너지 위기를 경험한다. 중국에서는 경기회복에 따른 전력 수요 증가를 감당하지 못해 전력난이 발생하였고, EU는 풍력발전 저조로 인해 천연가스 가격이 상승하면서 가파른 전기요금 인상이 있었다. 미국 역시 발전용 석탄 수요 증가에 따라 석탄 가격이 상승하는 등 에너지 가격 전반이 상승하고 이는 물가 상승으로 이어졌다. 이 때문인지 많은 관심 속에 개최된 '제26차 유엔 기후변화협약 당사국총회(COP26)'는 별다른 성과 없이 종료된다. 특히 중국은 탄소중립 정책에 따른 탄소저감 독려로 인해 석탄 기업들이 석탄생산에 소극적인 상황에서 주요 탄광생산 지역인 산시성에서 발생한 홍수로 인해 60개 광산 생산에 차질이 발생하였고, 호주산 석탄 수입 금지 등의 영향이 겹치면서 전력난이 발생하였는데, 광동성 등 제조업 중심지역의 전력공급을 강제로 중단하기도 하였다. 이에 중국 정부는 부랴부랴 '탄소중립'과 '원자력·석탄발전'을 병행해서 추진할 계획을 발표한다. 여러모로 시사하는 바가 큰데, 탄소중립 경제로 가는 대전환에 원자력발전의 중요성이 부각되었다.

UAM항공기인 eVTOL은 전기동력만을 활용한다. 일부 '하이브리드-전기(Hybrid-electric) VTOL'이 개발되고 있지만, 상당수는 eVTOL이다. 전력 인프라에 문제가 생기면 운항이 아예 불가능할 수 있다. 사실 eVTOL에 앞서 '전기차'의 수요가 빠르게 늘고 있는 것을 감안하면 전력 인프라에 대한 중요성은 더욱 커질 것이다. 버티포트 구축과 연계하여 전력 인프라에 대한 점검이 필요하다.

이상으로 상용화 핵심 이슈를 항목별로 간략하게 점검해 보았다. 이외에도 '버티포트 구축', '지속 가능성', '표준화의 선점' 등을 준비하였으나, '버티포트 구축' 관련 이슈는 여타 항목에서 몇 차례 언급하였기에 생략한다. '지속 가능성', '표준화의 선점'은 다음 기회에 추가하기로 한다.

초기 유력 서비스 유형

일반적으로 사람들은 거리나 이동시간, 비용, 편안함 등을 고려하여 이동수단을 선택한다. 1~2km 전후의 짧은 거리는 걷기가 기본인데 취향이나 연령대에 따라 전동킥보드와 같은 마이크로모빌리티(Micromobility)를 활용하기도 한다. 반대로 500km 이상의 장거리는 항공기를 활용하는데, 공항까지의 이동시간이나 탑승절차 등을 고려하여도 항공기의 경쟁력이 있는 것이다.

거리를 기준으로 중간구간에서 활용되는 이동수단이 바로 자동차, 버스, 열차 등인데, UAM 상용서비스도 주로 이 구간에서 활용될 것이다. 앞서 소개한 바와 같이 롤랜드 버거는 UAM항공기의 서비스 유형을 크게 3가지로 구분하는데, '①도시 안, ②도시 간, ③공항 셔틀'이다. '①도시 안'은 15~50km 반경에서 버티포트 간 주문형으로 운영되는 경우이고, '②도시 간'은 50~250km 반경에서 정기 노선으로 운영되는 경우이다. '③공항 셔틀'의 경우는 15~50km 반경에서 공항과 각 버티포트간 정기 노선으로 운영되는 경우이다. 저자는 배터리 기술 발전에 따라 '②도시 간(Inter City)' 운항 거리가 400km 이상으로 확장될 수 있다고 전망하는데, '②도시 간(Inter City)'은 50~400km 반경에서 정기 노선으로 운영되는 경우로 수정할 필요가 있다. 참고로, '③공항 셔틀'의 경우에는 수요에 따라 확장된 운항 거리가 적절히 반영될 것이다. 거리를 중심으로 재정리하면, UAM항공기의 서비스 유형은 크게 '①도시 안(15~50km 반경), ②도시 간(50~400km 반경), ③공항 셔틀(15~50km 반경)'이다. '①도시 안(15~50km 반경)'은 버티포트간 주문형으로 운영되는 경우이고, '②도시 간(50~400km 반경)'은 도시 간에 정기 노선으로 운영되는 경우이다.

유형별로 살펴보면, '①도시 안(15~50km 반경)'은 자가용이나 차량공유, 택시, 버스, 지하철 등의 이동수단이 연계대상이자 경쟁대상이다. 이용자들은 이동시간이나, 비용, 편안함을 고려하여 선택할 것이다. '②도시 간(50~400km 반경)'은 KTX 등의 열차나 시외버스, 자가용, 차량공유, 국내선 항공기 등의 이동수단과 이용자의 선택을 받기 위해 치열하게 경쟁할 것이다. 마지막으로 '③공항 셔틀(15~50km 반경)'은 자가용이나 공항버스 지하철, 택시 등과 경쟁할 것인데, 비즈니스 목적으로 수요를 고려할 때 초기부터 가장 경쟁력이 높은 유형으로 판단된다.

종합하면, 초기 유력 서비스 유형은 '③공항 셔틀'이고, '②도시 간'의 경우 '서울시-○○시, 부산시-○○시, 인천국제공항-○○시' 등 수요를 뒷받침하는 노선이 적절하게 운영된다면 호응을 받을 것이다. '①도시 안'은 버티포트 구축 미비 등으로 인해 한정된 구간에서 이용자 경험을 늘리는 측면에서 운영될 것으로 보이는데, 성숙기에 이르러 본격적으로 활용될 것으로 보인다.

끝으로 UAM 상용서비스 초기부터 MaaS 3단계 이상으로 서비스하여 이용자에게 '편리함'을 제공하는 것이 중요하다. 엄밀히는 MaaS 사업자의 몫이지만, 3단계 이상으로 서비스하기 위해서는 사전 협조와 조율이 필요할 것이다. 앞서도 언급한 바 있는 MaaS(Mobility as a Service)는 '서비스로서의 모빌리티'를 의미하며, 승용차, 버스, 택시, 자전거 등의 이동수단이 개별적으로 제공되는 방식에서, '출발지에서 목적지로 가기 위한 최적 솔루션을 통합 제공'하는 서비스를 말한다. 그중 3단계는 '예약·결제의 통합'인데 이동수단의 예약·결제 등을 하나의 앱에서 일괄처리하는 방식이다. 가령, 서울시청에서 세종시 정부청사까지 이동한다고 가정할 때, '서울시청-(서울시청 인근)버티포트', '버티포트-(세종시 정부청사 인근)버티포트', '(하차 후)버티포트-세종시 정부청사' 등 구간별 이동수단을 일일이 찾아 예약하고 결제하는 것이 아니라, 출발 시간 및 연계시간을 고려하여 앱에서 최적의 경로를 제시하면 이용자는 한 번에 예약하고 결제하는 방식이다. 참고로, 4단계는 '서비스 제공의 통합'으로 각종 이동수단 및 서비스를 종합적으로 제공되고 이용자는 구독서비스 등을 통해 이용하는 것이다. 스웨덴의 유비고, 핀란드 윔 등이 그 사례이다. 한국에서도 모빌리티 플랫폼 사업자들에 의해 다양한 단계의 서비스가 시도되고 있다.

관련 생태계 및 일자리 전망

자동차산업의 역사는 여러모로 참고가 된다. 자동차산업은 19세기 중반에 영국을 중심으로 대형 증기자동차로 장거리 이동이 가능해지면서 이전의 마차를 대체하기 시작했다. 전기자동차와 내연기관(ICE) 자동차도 등장하는데, 증기자동차는 1920년대까지 생산된다.

본격적인 자동차산업은 20세기 초반 들어 증기자동차나 전기자동차와의 경쟁을 거쳐 내연기관 자동차가 대표기술로 등장하면서 시작되었다. 1913년에는 포드가 대량생산관리 시스템을 도입하는데, 유명한 포드의 컨베이어 시스템(Conveyer system)이 등장하고 생산의 표준화, 부품의 규격화 등 대량생산이 이루어진다. 이 시기에 비로소 부품공급사가 등장하기 시작한다. 이전까지의 완성차기업은 대부분의 부품을 직접 생산했다. 이후 성장과 정체를 거듭하던 자동산 산업은 1980년대 들어 효율성을 더욱 끌어올린다. 도요타가 JIT(Just In Time)를 도입한 것인데, 완성차기업의 재고관리 부담을 덜기 위해 완성차 조립순서에 맞춰 부품 공급사가 부품을 적기에 공급하도록 한 것이다. 부작용도 있었지만, 도요타의 성장과 더불어 부품공급사도 성장하고 수많은 기업이 벤치마킹하였다. 2000년 전후에는 시스템 통합으로 자동차의 가치 창출에서 있어 부품 공급사의 비중이 대략 60~80%에 육박하게 되었다.

롤랜드 버거의 자료를 기초로 자동차산업의 역사를 살펴보았다. 자동차산업은 150여 년의 역사를 거치며 생태계를 형성하고 진화해 왔다. 여기서 독자들에게 질문이 있다. UAM 산업을 자동차산업에 비추어 본다면, UAM 산업은 어디쯤 와 있을까? UAM 산업은 어느 단계까지 와 있을까? 최근의 기술변화 속도가 워낙 빠르기에 이전과 비교하기가 쉽지 않지만, 독자들의 생각이 궁금하다.

독자들의 다양한 시각이나 평가가 있으리라 보는데, 저자는 eVTOL을 대표기술로 본다면 '대량생산'의 전 단계쯤에 와 있다고 판단한다. 물론, 그렇다 해도 본격적인 생태계가 아직 형성되지 않았고 변수도 많이 있다. 다만, 관련 사업을 검토하거나 추진하는 기업, 기관, 투자자는 물론 미래 일자리를 준비하는 독자들에게 도움이 되고자 향후 생태계와 유관 일자리를 조심스레 전망해 본다.

먼저 UAM 상용서비스의 주요 주체를 점검해 보면, 'UAM항공기 제조사, UAM운항자, 버티포트 운영자, UAM 교통관리서비스 제공자' 등을 들 수 있다. 'UAM운항자'는 비행계획을 수립하고

UAM항공기의 운항 및 운용, 관리의 주체로서, 기존 항공산업에서 대한항공, 카타르항공, 유나이티드항공 등의 항공사를 연상할 수 있는 역할이다. '버티포트 운영자'는 UAM항공기의 안전한 운용을 위해 버티포트의 운영과 서비스를 제공하고, 버티포트 권역을 감시하는 주체인데, 각종 공항이나 터미널 운영자를 연상할 수 있는 역할이다. 마지막으로 'UAM 교통관리서비스 제공자'는 UAM 운항 안전정보의 공유 및 교통흐름 관리, 비행계획 승인 및 항로이탈 모니터링 서비스를 제공하는 주체이다. 이들 주체 외에 '필수 운영 소프트웨어 제공자, (별도의)유지보수(MRO) 제공자, MaaS 운영자, 버티포트 등 인프라 하드웨어 구축사' 등이 UAM 상용서비스의 주요 생태계를 형성하여 수요에 따라 영역을 확장해 나갈 것으로 보인다. 해당 주체별로 사업자가 형성될 수 있겠지만, UAM 상용서비스 초기에는 한 사업자가 여러 주체를 겸하는 경우도 다수 발견될 수 있다. 가령, UAM항공기 제조사가 UAM운항자나 버티포트 운영자를 겸하는 사례가 발견될 수 있을 것이다. 아쉬운 점은 글로벌 'UAM항공기 제조사'의 상당수가 미국이나 EU 등 해외기업이고, 현대자동차그룹 등 국내기업도 미국 등지에서 연구 및 개발을 진행하고 있기에 관련 비즈니스나 일자리 기회가 좀처럼 국내에서 찾기 어렵다는 점이다.

이어 UAM 상용서비스 초기의 유력 일자리를 탐색해 보면, 'UAM항공기 제조사' 측면에서는 디자인이나 설계, 제조, 시험비행, 인증 등의 경력자가 주목받을 것이고, ‘UAM운항자’ 측면에서는 조종사, 운항계획 수립 및 운영, 항공권 마케팅, UAM항공기 관리 등의 일자리가 부상할 전망이다. ‘버티포트 운영자’ 측면은 사업 목적(운송, 정비 등)과 사업 범위(운송, 운송·충전, 운송·충전·정비 등)에 차이가 있겠지만, UAM항공기의 이착륙과 탑승객의 승하차 등이 수시로 발생하게 되므로 운영 관련 일자리가 예상되고, ‘유지보수 제공자’ 측면에서는 UAM항공기의 운영부터 수리, 점검 관련 일자리가 생겨날 전망이다. 그리고 ‘UAM 교통관리서비스 제공자’를 비롯한 모든 주체별로 필수 소프트웨어의 운영 관련 일자리가 주목받을 전망이다. 관련하여 저자가 별도로 진행한 ‘UAM 수용성 조사’ 결과를 마지막으로 소개한다. 질문은 “향후 UAM 상용화 서비스가 시행될 경우, 가장 유망한 분야는 무엇일까요?(중복 체크 가능)” 이었다. 독자의 이해를 돕기 위해 예시 문항을 본서의 용어 기준에 맞추어 수정하였다. 응답 결과는 ‘UAM항공기 제조사 43.3%, 버티포트 운영자 34.4%, UAM 교통관리서비스 제공자 46.5%, UAM항공기 조종사 17.2%, 유지보수(MRO) 제공자 10.2%’ 등이었다. 흥미롭게도 ‘UAM 교통관리서비스 제공자’가 가장 높게 나타났다. 자, 독자들은 어떻게 생각하는가?

참고문헌

- 『드론공유서비스』 한대희, 크라운출판사, 2020.07.
- 『드론(무인멀티콥터) 조종자 자격』 한대희 외, 성안당, 2021.06.
- '항공과 비평' 김명집
- 「테슬라 버티컬(상)-혁신의 상징 '테슬라 플랫폼'」 박형근, 포스코경영연구원, 2021.08.11.
- 「테슬라 버티컬(하)-모빌리티 왕국 꿈꾸는 테슬라」 박형근, 포스코경영연구원, 2021.08.26.
- 「스코프3(Scope3)으로 넓혀져 가는 탄소 발자국 지우기」 KB경영연구소, 2021.10.26.
- 「기후변화 대응이 산업에 미치는 영향」 박종욱·이나윤, 한국은행, 2021.09.30.
- 「MaaS는 어디까지 왔나」 IBK경제연구소, 2021.08.25.
- 「2021 국가교통비용 전망」 김주영·이태형·천승훈·박경욱·허진수·김성민·이채영, 한국교통연구원, 2021.01.31.
- 「세계 에너지시장 인사이트(제20-22호)」 에너지경제연구원, 2020.11.09.
- Reliable Robotics Announces New Cargo Airline Led by Industry Veterans, Business Wire, 2022.01.11.
- Aviation 2030 series: Air Taxi Readiness Index(2021), KPMG, 2021.10.27.
- Volocopter and Geely Joint Venture Orders 150 Volocopter Aircraft, Volocopter, 2021.09.22.
- Alternative fuel vehicles shape future deliveries, UPS 홈페이지, 2021.08.09.
- The slow collapse of Amazon's drone delivery dream, WIRED UK, 2021.08.03.
- Tesla will enter the eVTOL market, Morgan Stanley predicts, eVTOL.com, 2021.07.15.
- Zipline raises $250M to scale drone delivery services, THE ROBOTREPORT, 2021.06.30.
- Lilium Analyst Presentation, LILIUM, 2021.06.15.
- Billionaire Larry Page's Kitty Hawk Is Making An All-In Bet On Robot Air Taxis. Its Program Head Is Out In Disagreement Over It, Forbes, 2021.06.11.
- Fact Sheet, Vertical Aerospace, 2021.06.
- Blade Secures Up to 20 BETA Technologies Electric Vertical Aircraft for Delivery in 2024, Blade, 2021.04.13.
- Lilium's New Course: On Verge Of Going Public, It's Working On A Bigger Air Taxi. Can It Deliver?, Forbes, 2021.02.10.
- World-first electric Urban Air Port® secures UK government backing, 현대자동차 홈페이지, 2021.01.28.
- aunt Air Mobility and Varon Vehicles Corporation Announce Joint Collaboration, Varon Vehicle, 2021.01.29.

- Jaunt Air Mobility Announces Partnership with Walle, TransportUP, 2021.01.17.
- 「WMO Atlas of Mortality and Economic Losses from Weather, Climate and Water Extremes (1970-2019)」 World Meteorological Organization, 2021.
- 「Are Air Taxis Ready For Prime Time?」 Lufthansa Technik, 2021.
- Clean urban air travel to become reality as Urban-Air Port announces agreement to develop the blueprint and foundations for UAM infrastructure worldwide in partnership with Hyundai Motor Group, urban-Air Port Ltd, 2021.09.16.
- INVESTOR DECK 2021, Vertical Aerospace, 2021.06.
- Focus Urban Air Mobility USD 90 billion of potential How to capture a share of the passenger drone market, The Roland Berger, 2020.11.
- The Future of Advanced Aerial Mobility, Vertical Aerospace, 2020.10.19.
- Tesla announces 'tabless' battery cells that will improve range of its electric cars, THE VERGE, 2020.09.22.
- Uber and Hyundai Motor Announce Aerial Ridesharing Partnership, Release New Full-Scale Air Taxi Model at CES, 현대자동차 홈페이지, 2020.01.07.
- PIONEERING THE URBAN AIR TAXI REVOLUTION (White pager 1.0), VOLOCOPTER, 2019.06.
- Elon Musk teases electric plane design and smokes weed on Joe Rogan podcast, THE VERGE, 2018.09.07.
- 「World Urbanization Prospects: The 2018 Revision」 UNDESA
- Uber's 'flying taxis' will be built by these five aerospace companies, THE VERGE, 2018.05.08.
- 「Fast-Forwarding to a Future of On-Demand Urban Air Transportation」, UBER Elevate, 2016.10.27.
- "How charging in buildings can power up the electric-vehicle industry" McKinsey & Company
- 「UberAir Vehicle Requirements and Missions」 Uber
- Unmanned Aircraft Systems (UAS) or Drones, FAA
- 「Study on the societal acceptance」, "Concerns ranked by % of respondents under top 3" EASA
- Urban Air Mobility (UAM), EASA 홈페이지
- Advanced Air Mobility Project, NASA 홈페이지